쉬어가는 물레방아

현 대 수 필 가 1 0 0 인 선 II · 82

쉬어가는 물레방아

김재희 수필선

수필과비평사·좋은수필사

■책머리에

수필은 누구나 부담 없이 읽고, 마음만 먹으면 직접 쓸 수도 있는 가장 친근한 문학이다. 다른 영역의 문학이 영상매체에 밀려 신음하고 있는 중에도 수필 인구만은 날로 증가하여 바야흐로 수필 전성시대를 구가하고 있는 이유도 거기에 있을 것이다.

시대적 추세에 힘입어 수많은 수필전문지, 수필동인지가 창간되고, 이에 비례하여 신진 수필가도 날로 늘어나다 보니 이제는 그 많은 작가, 그 많은 작품 중에서 문학성 높은 작품을 가려 읽는 일이 쉽지 않게 되었다. 이런 현상은 작가에게나 독자에게나 결코 바람직한 일이 아니다. 더 나아가서는 수필을 연구하는 후세들에게도 큰 부담이 될 것이다.

이런 문제를 해결하는 데는 출판인도 마땅히 한몫을 감당해야 한다는 평소의 소신에 따라, 본사가 기꺼이 그 역할을 맡기로 했다. 그 첫 번째 사업으로 시대를 대표할 만한 수필가 100인을 선정하고, 작가가 자선한 40편 내외의 작품을 수록한 문고본을 발간하여 이를 널리 보급함으로써 그 소임을 다하고자 한다.

본사는 사명감을 가지고 이 사업을 추진해 나가기로 했다. 작가 선정을 전담할 편집위원회를 구성하고 전권을 위임하여 일체의 사적인 정실이나 청탁을 배제함으로써 전문성과 공정성을 확보해 나갈 것이다.

따라서 이 기획물 속에는 작가의 문학정신뿐만 아니라, 본사의 문학사적 기여 의지와 편집위원 제위의 수필문학에 대한 애정과 문인으로서의 양심이 함께 담겨 있음을 자부한다. 다만, 작가를 선정하는 기준에는 많은 견해의 차이가 있을 수 있고, 선정 과정에서도 미처 챙기지 못한 부분이 있을 것이라는 사실만은 인정하지 않을 수 없다. 이 점에 대해서는 관계자 여러분의 양해 있으시기 바란다.

이 시리즈의 발간 순서는 작가, 또는 본사의 사정에 의한 것일 뿐 그 밖의 어떤 기준도 적용하지 않았음을 밝힌다.

본 기획물이 시대를 초월한 많은 수필 애호가들의 관심과 애정 속에 우리나라 수필문학 발전에 한 이정표가 되기를 바랄 뿐이다.

본사에서는 이상과 같은 취지로 ≪현대수필가 100인선≫ 전 100권을 완간하여 큰 반향을 불러일으킨 바 있다.

그러나 우리 수필문단의 규모나 수필문학의 수준에 비추어 선정 작가를 100인으로 한정하는 것은 형평성이나 효율성 면에서 크게 부족하다는 의견이 많았고, 본사 또한 이를 통감하던 터라 기꺼이 ≪현대수필가 100인선Ⅱ≫를 발간하기로 했다.

본사의 충정에 찬동하여 출판에 응해주신 저자 여러분에게 진심으로 감사한다.

2014년 9월 일

수필과비평사 · 좋은수필사 발행인 서 정 환
현대수필가 100인선 간행 편집위원 박 재 식 최 병 호
정 진 권 강 호 형
오 세 윤

1_부

2_부

3_부

4_부

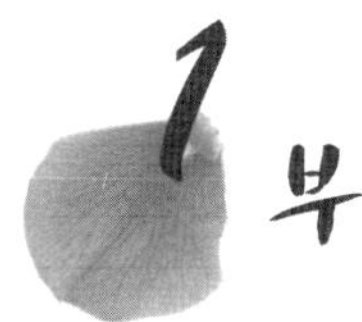
1부

섬길
-신안 올레길

햇살이 유난이 밝은 봄날, 섬길을 걷는다. 물이 빠져나간 갯벌 위로 쏟아지는 햇볕과 짭조름한 바람이 온몸을 감싸고 든다. 느긋한 걸음으로 좁다란 노둣길을 걷다 하늘을 올려다 보니 파란 하늘에 뭉텅뭉텅 엉클어진 흰 구름이 시리도록 상큼하다.

그저 민둥산 같은 언덕배기 밑으로 띄엄띄엄 서 있는 집 몇 채 외엔 사람의 흔적이 거의 없다. 공터에 얼키설키 엉켜 있는 그물이 대신 사람 훈짐을 느끼게 한다. 몇 사람만을 내려놓고 떠나가는 뱃고동 소리도 아스라이 사라져 가고 낯선 객을 향한 개 짖는 소리도 그저 조용한 울림일 뿐이다.

그 조용한 울림이 여운으로 느껴질 만큼 가까운 거리에 4개의 섬이 노둣길로 연결되어 있다. 그 노둣길을 건너면서 일주

하다 보면 12개의 쉼터(교회)를 만나게 된다. 그 건물엔 각각 두 개의 이름이 있다. 하나는 일상을 대변하는 이름이고 하나는 기독교의 열두제자 이름이다. 다시 말하면 일반인들에겐 올레길이고 기독교인들에겐 순례길이라는 의미가 있다.

단지 그 의미만 있는 것이 아니다. 종교를 떠나서 길 가다 잠시 들러 명상에 젖어보는 공간이기도 하다. 건물마다 나름대로 의미를 갖춘 작품성이 돋보이는 집이다. 아주 동화적이기도 하고 신비한 요술을 품은 집처럼 보이기도 하다. 무한한 세계를 품은 듯한 느낌이 들기도 하고 아주 사소한 것들을 소중한 것인 양 품고 있는 것 같기도 하다. 특별하게 볼 것이 없는 섬에 불쑥 뛰어든 불청객 같은, 다른 나라에서 건너온 그림 같은 건물이다. 한두 사람이 들어가면 딱 맞는 아담한 공간들은 다 다른 특징이 있다.

사람 얼굴만 한 창으로 보이는 바깥 풍경이 새롭다. 섬으로 들어오면서 보았던 넓은 바다는 어딘가로 숨어버리고 작은 창 안에서 압축된 그림으로 보인다. 천정에 그려진 달과 별의 모양으로 하늘을 상징하고 물고기의 비늘로 넓고 깊은 바다를 상징했다. 그 작은 공간에 온 우주가 다 들어 있다. 내 한 몸 겨우 눕힐만한 공간에서 참으로 넓은 세상을 느낀다.

창문으로 비치는 무늬가 참 독특하다. 빛이 안으로 들어오면서 창에 비치는 그림이 환상적이다. 햇볕의 명암 효과를 이용한 그 집은 날씨가 좋은 날에 보아야 효과가 있을 것 같다.

창문의 올록볼록한 부분에서 햇살이 굴절하고 그 부분으로 통과하는 빛이 색다른 무늬를 만들어 낸다. 집을 세운 기둥의 색이 안에서 보이는 그림의 색을 넣어주는 역할을 한다. 햇볕이 어느 각도에서 얼마만큼 들어오는 정도에 따라 그려지는 그림이 달랐다. 사람이 어느 방향에 서 있는가에 따라서도 달라졌다. 내게 주어진 삶의 질은 어떤 영향에서 얻은 결과일까를 생각하게 하는 집이다.

십자가 모양으로 만들어진 창문으로 쏟아져 들어오는 햇살에 눈이 부시다. 기독교인은 아니지만 지금껏 보아왔던 것 중에서 제일 경건한 마음으로 보게 된 십자가이다. 어둑한 공간의 햇살 줄기 속에서 떠돌아다니는 뿌연 부유물이 살아 있는 생명체로 보인다. 세상 모든 것에 생명을 불어넣은 신의 묘수 같다.

길을 잘못 들어 걷게 된 갈대밭도 올레길의 한 몫이 되었다. 잘못된 것도 모르고 유유자적하며 즐겼던 길이다. 헛짓이었음을 알게 된 후에야 허겁지겁 되돌아 나왔지만 그것이 그리 억울하지는 않았다. 보아야 할 곳을 보지 못했지만 생각지도 못했던 자연의 풍요로움을 만끽했으니 나름대로 보람 있는 일이었지 싶다. 때론 엉뚱하게 겪는 엇갈린 일들도 생을 풍요롭게 해준다.

여닫는 문이 없는, 이중으로 보이는 문틀 건너에 놓여있는 벤치가 평화롭다. 안과 밖이 열려 있는 곳에는 경계가 없다.

유有와 무無의 구분이 없을 것이고 높고 낮음이 표시되지 않았을 것이다. 그곳에 앉아 있으면 모든 시름이 사라질 것 같다. 무거운 것들은 잠시 벗어 놓고 빈 마음이 되어 보는 것도 좋으리라. 그곳에선 무엇과도 비교되지 않는 자신의 존재를 찾아볼 수 있을 것 같다.

마지막 집을 건너가는 길이 이미 촉촉하게 젖어 있다. 스르륵 밀려드는 바닷물이 발걸음을 재촉한다. 가까운 거리지만 그 거리를 건너갔다 올 동안을 참아주지 못하는 것이 지구의 섭리다. 우리 인간은 그러한 자연의 섭리를 마음대로 조정하려 하고 마음대로 되지 않는다고 앙탈을 부리며 산다. 그러다 언젠가는 그 후유증에 시달릴지도 모른다. 후다닥 정점을 찍고 돌아 나오는 순간 기우는 햇살이 볼에 닿는다. 해도, 나도 하루의 일정을 마치고 이별식을 나누었다. 멀리서 마지막 배임을 알리는 뱃고동 소리가 들린다.

약육강식

새 소리가 조금 달리 들렸다. 자세히 보니 두 마리가 교대로 어느 장소를 왔다 갔다 하며 소리를 내고 있었다. 내 승용차 부근이라서 시동을 걸고 뒷 트렁크를 열고 닫고 해도 내 행동에는 전혀 개의치 않고 그 자리를 뜨지 못하고 오락가락하며 울어댄다.

아무래도 이상하여 계단으로 올라가 그 부근을 살펴보았다. 내 인기척에 검은 고양이 한 마리가 슬그머니 자리를 뜬다. 그 순간 두 마리의 새가 동시에 그 고양이를 공격했다. 나뭇가지 속에 있을 땐 어쩌지 못하고 있다가 고양이가 넓은 공간으로 나오자 위에서 내리꽂으며 공격을 하는 것 같았다. 그 공격에 고양이가 쏜살같이 도망을 간다. 아마도 고양이가 새의 둥지를 노리지 않았나 싶다.

어쨌든 상황이 종료된 것 같아 뒤돌아 나오는데 다른 승용차 밑에 숨어있던 검은 고양이가 나를 쏘아본다. 그 눈빛이 써늘해서 오싹한 느낌마저 들었다. 나는 속으로 방해하려고 하는 것은 아니고 그저 궁금해서 보았을 뿐이라고, 너희들 세계의 감정에 끼어들 생각은 없었노라고 변명 아닌 변명을 하며 그 자리를 벗어났다.

어느 다큐에서 보았던 일이다. 이 지구상에 존재하는 생물은 약육강식의 법칙에 의해 이어지는 것이라고 했다. 그러니 강자가 약자를 잡아먹는 일에 대해 관여해서는 안 된다는 것이다. 약자를 도와준다고 강자의 섭취를 방해하지 말라는 것이었다. 그것은 자연의 법칙을 어기는 일이라는 것이다. 다만 짐승들은 배가 고플 때만 사냥을 한다고 한다. 아무리 넘쳐나도 넘보지 않는단다.

그에 비해 인간의 욕심은 끝이 없다. 그저 생명 보존을 위한 한도 내에서의 일로 끝나면 좋겠지만 그렇지 못하고 그 선을 넘는 것이 문제다. 숲을 태우고 강을 막고 바다를 메운다. 그렇게 해서 얻은 이익이 과연 얼마인가. 한 가지를 얻으면 반듯이 잃는 것이 있다는 것도 자연의 법칙일진대 얻는 것만 생각하고 잃는 것엔 관심이 없다.

인간을 '만물의 영장'이라고 했던가. 하지만 요즘 들어 인간이 자연에 먹히고 있는 듯한 느낌이 들곤 한다. 제아무리 기고 나는 인간이건만 눈에 보이지도 않는 소소한 바이러스에 굴복

당하고 있는 현실이다. 치료할 백신을 만들어 내기도 전에 그 바이러스들은 끝없이 새로운 종으로 변하여 우리 인간의 몸에 침투할 것이라는 예견이다. 그렇게 되면 이제 인간이 '약'이 되고 자연이 '강'이 되는 찰나이다.

눈에 보이지도 않고 손에 잡히지도 않는 미미한, 그러면서도 전 세계의 인구를 휩쓸면서 뒤엎고 있는 저 바이러스들. 무서운 핵이나 전쟁 무기 같은 것이 아니어도 얼마든지 온 세계를 지배할 수 있는 존재가 있음을 알게 해 주고 있다. 어쩌면, 자연의 섭리를 무시하고 겁 없이 날뛰는 우리 인간의 오만을 질타하는 것인지도 모른다.

이제 예전의 생활로 돌아가기가 힘들 것 같다. 어쩌면 이대로 도태되어 버리고 새로운 세상으로 뒤바뀜 될지도 모른다는 무서운 생각까지 든다. 그렇게 되면 먼 훗날 우리 인간은 이 세상에서 잠깐 존재했다가 사리지고 마는 생물의 한 종에 지나지 않을지도 모른다. 지구의 한 페이지를 장식했던 거대한 공룡들처럼….

깊이 새겨볼 일이다. 지금부터라도 이 지구를 살리고 인간이 '강'자가 되어 영원히 '만물의 영장'으로 지속될 방법이 어떤 것인지를. 아니, 인류의 일원으로 포함되어 있는 나 자신부터 어떻게 생활해야 하는지를.

안개 늪에 빠지다

짙은 안개로 시야가 좁다. 몇 걸음 앞서가는 사람의 뒷모습조차 아련해 보인다. 들머리에 첫발을 디딜 때는 소박한 빗줄기였다. 그야말로 온순한 아이 같은 빗줄기여서 그리 걱정되지 않았는데 한 걸음 한 걸음 올라갈수록 안개가 점점 짙어졌다.

사면이 꽉 막힌 하얀 집 같다. 꼭 꿈속에서 뭔가를 찾으려고 헤매는 것 같은 몽롱한 분위기에 겁도 났다. 하얀 물귀신이 내 등을 덮칠 것 같고 옆구리로 산신령의 지팡이가 푹 들어올 것만 같다. 그래서 앞사람을 놓치지 않으려는 내 발걸음이 잔망스럽게 저벅거린다. 그 소리마저 오싹한 느낌이 든다.

시간이 가고 고도가 높아질수록 비는 개고 바람이 불 때마다 안개에 젖은 나뭇잎에서 후드득 떨어지는 물방울이 몸을 적신다. 그렇게 떨어지는 물방울에도 온몸이 다 젖어버렸다. 우비도 별 의미가 없었다. 아래에서 보았을 때 산 중턱에 온통 하얀 구름이 걸쳐 있더니 몇 시간째 그 구름 속을 걷고 있는 것이다.

그러다 보니 참 야릇하기도 하고 묘하기도 하다. 처음엔 그저 꽉 막힌 듯한 분위기가 답답하고 두렵더니 어느새 익숙해졌다. 늘 그런 곳에서 살았던 것처럼 아무런 장애가 되지 않는 분위기에 휩쓸렸다. 눈에 보이는 것이 없으니 생각조차 단순해져 버려 아무 생각이 나지 않는다. 그저 발밑으로 스쳐 지나가는 흙길에 눈을 두었을 뿐 앞뒤를 돌아다보아 지지 않는다,

점점 마음이 맑아져 갔다. 보이는 것 없이 하얀 안개만 보이니 세상의 온갖 잡생각들이 어디론가 사라져 버린 듯하다. 아니, 구름이 그것들을 감추어 버린 것 같다. 어쩌면 새롭게 태어나 지금까지와는 전혀 다른 세상에 서 있는지도 모르겠다.

바로 코앞에 있는 나무 몇 구루 외에는 아득한 저편의 세상에 대해서 전혀 생각도 기억도 없을 터이니 지금부터는 내 나름대로 살고 싶은 삶을 구성해 봐도 되지 않을까. 팔 뻗어 휘저어 보면 뭔가 잡힐 것 같은 저 아늑한 세계에 가만히 손 넣어 꼭 잡고 싶은 것만 잡아서 내 앞으로 끄집어내고 싶다.

내 생애 끄집어내고 싶은 좋은 일들이 몇 개나 되는지 손가락을 헤어 본다. 몇 손가락 꼽고는 이것도 세어야 하나 싶은 대목에서 꼽아지지 않는다. 꼽지도 못하고 펴지도 못한 상태

로 멍하니 저 깊은 안개 속만 바라본다. 딱히 기억할 일도, 추억될 만한 일도 없는 것이 길게도 손가락 끝에서 맴돈다. 이대로 저 안개 속에 영원히 묻어버릴까. 왈칵 목젖이 싸해 온다. 아직 의무를 다하지 못하는 떨켜의 미련이 못내 아쉽다.

문득 지인이 보내준 찔레꽃 그림이 생각난다. 뽀얀 꽃잎이 어두운 바탕에서 유난이 빛을 발했다. 꽃잎 안에 모인 햇볕이 그리도 환했던가. 찔레꽃잎은 햇볕을 소홀히 흘려버리지 않고 소중하게 품에 안아 제빛으로 승화시켰다. 마음껏 보듬은 빛으로 발그레한 꽃술을 만들어 올려 품어나가게 했다. 그리도 오지게 햇볕을 품고 있는 찔레꽃이 왜 그리 부럽던지.

내게 오는 숱한 빛들을 무의미하게 흩날려 버린 것에 대한 회한이 깊다. 어쩌면 저 안개는 내가 놓쳐버린 빛의 잔영일지도 모른다. 세상을 보지 않으려 눈 감아 버렸던 날들의 잔영. 내 어찌 저 안개 탓을 할 것인가. 가만히 숨 다독이고 눈을 내려 뜰 수밖에 없다.

이제 내 시야에 들어오는 발끝만 보고 걸어야 한다. 이것마저 소홀히 했다가는 헛발을 디딜지도 모를 일이다. 잘 보이지 않는 길에서 길을 잃지 않는 일이란 발끝의 감각에 달렸다. 어쩌면 내 의지와는 다른 발걸음이 될 수도 있다. 아주 작은 한 걸음의 각도가 시간이 지나면 전혀 다른 쪽을 향해 갈 수도 있을 테니까.

안개의 늪에 빠져서 나침반의 안테나를 곧추세우고 있다.

방향을 찾는 동안은 중심 잡는 지남철 바늘 끝이 부르르 떤다. 떨림이 없으면 지남철이 아니라고 했던가. 어느 정점에 정착해버린다면 더 이상은 생동감이 없어질 것이다. 그러고 보면 완전하지 못한 삶에 대한 떨림이 있기에 아직 살아있음을 확인한다.

날머리에 도착해 뒤돌아본 산자락은 아직도 안개 속이다. 환한 곳에서 보는 안개는 그저 안개일 뿐이다. 그래도 삶에 대한 애착 하나 건져내온 듯하다.

동병상련

버려진 나뭇가지들이 수북하다. 자세히 살펴보니 개나리다. 베어진 지 얼마 되지 않는 상태여서 물에 담가놓으면 꽃이 필 것 같아 한 주먹 주워 거실에 있는 병에 꽂았다.

선과 각도를 살리며 이리저리 구성을 맞추다가 한 가지가 뚝 부러져 버렸나. 그냥 생긴 내로 꽂았으면 좋았을 텐데 괜히 멋진 선을 만들어 본다고 무리하게 휘다가 생긴 일이다. 다행히 아주 끊어진 것은 아니어서 조심스레 테이프를 붙여 떨어지지 않게 고정을 시켜 놓았다. 가지 끝까지 물이 오를까 싶어 자주 눈길이 갔다. 그런데 염려한 것과는 달리 별 무리 없이 꽃을 피웠다. 부러진 가지라서 조금 어설프긴 하지만 충분히 제 생을 사는 것이 대견하다.

"딸을 생각해서 인큐베이터에 있는 손주 아이가 차라리 잘못되기를 바랐어요."

그 메시지를 읽는 순간 가슴이 찡했다. 얼마나 절박한 마음이었으면 그런 말이 나올까. 언젠가 했던 그의 말 한마디 한마디가 더욱더 새롭게 다가왔다. 장애를 갖고 사는 사람보다 장애아를 둔 부모가 더 불행한 것이라는. 아픈 손가락보다 그 손가락을 바라보는 마음이 더 고통스러운 것이라는. 그래서 아픈 손주보다는 마음 고생할 딸이 더욱 걱정된다는 것이다.

그 또한 신체장애로 살아왔기에 더욱 절실한 문제였으리라. 자신이 당하는 고통보다는 평생 살얼음판을 걷는 듯한 부모의 심정이 더 안타까웠으리라는 것을 알기에 나오는 말이지 싶다.

그의 말이 결코 불순하게 들리지 않았다. 아니, 그렇게 생각할 수도 있다고 말해 주고 싶은 마음이었다. 장애를 앓고 있는 사람과 지내보지 않은 사람은 결코 이해하기 어려운 상황이다. 어찌 그 고통을 짐작이나 할 수 있을까. 피붙이이기에, 다른 사람보다도 더 예민하게 받아드린다. 같은 핏줄로 타고난 인연이어서, 한쪽이 열병을 치르면 그 핏줄은 같이 열병을 앓는다.

그렇기에 가족은 남들보다도 더 고통스러워하고 견디기 힘들어한다. 똑같은 일을 놓고 남들은 강 건너 불구경이지만 가족들은 자신이 당하는 화재다. 뜨거워서 동동거리고 시려서 움츠러든다. 때로는 손 놓아버리고 싶고 때로는 함께 먼 길을 선택하기도 한다. 그러나 그 마음이 어찌 편할 리가 있을까.

"나는 그 아이보다 얼마나 가치가 있는 사람이라고 그리 말을 했을까요. 다음에 만나러 가서 용서를 빌어야겠어요." 뒤이어진 메시지 내용이 더욱 가슴을 적신다. 자신도 장애자이면서 장애 판정을 받은 손주아이에게 했던 생각을 뼈아프게 고통스러워했다. 아마도 꺼이꺼이 목 놓아 울었을지도 모른다.

더 이상 아무 말 없는 그의 침묵 또한 가슴 싸하다. 아직은 받아들이기 어려운 일일 것이다. 하루에도 열두 번 도리질하고 싶을 것이다. 가슴 깊은 곳에서 기어오르는 울분과도 싸워야 하고 어쩔 수 없는 숙명과도 맞대결하여야 하고 체념과 손맞잡기도 해야 할 일이다. 넘고 넘어야 할 고개가 많은데 어찌 쉽게 결론이 날 것인가. 두 번째 온 메시지 역시 또다시 뒤바뀔 수도 있을 것이다. 설령 그런다고 하더라고 나는 그의 말을 문제 삼지 않으리라. 바꾸고 또 바꾸고, 평생을 번복하며 산다 해도 그의 말을, 그 마음을 인정해 주고 싶다.

그에게서 보았던 끈기와 용기와 도전정신은 결코 아무에게나 있는 평범한 것이 아니었다. 자신의 장애를 뛰어넘기 위한 몸부림이었을 테고 죽기 아니면 살기를 판가름해야 하는 줄 위에서 위태하게 버텨야 했을 것이다. 그런 질긴 생명력을 가진 그가 손주에 대한 마음을 그리 쉽게 접을 수 있겠는가. 그 누구보다도 더 깊은 동병상련을 느끼며 더욱더 애달파 할 것이다. 다만 받아들이기 위한 앙탈인지도 모른다. 그런 거라면 얼마든지 그의 마음을 있는 그대로 받아주며 지켜보고 싶다.

꺾인 흔적 없이 꽃을 피워 낸 개나리가 유난히 눈에 뜨인다. 저렇게 살아남는 것을 그냥 버릴 뻔했구나 싶다. 아무리 하찮은 것이지만 생명이라는 이치 앞에서는 경건해진다. 저마다 가지고 있는 생의 순리에 맞추어 제 할 일을 하고 있는데 누가 감히 아무렇지 않게 꺾고 접고 없애버릴 수 있단 말인가.

좀 모자라면 모자란 대로 그만큼 누리고 사는 그 자체만으로 충분히 훌륭한 생이다. 더 잘되고 더 잘하기를 바라는 것은 옆에서 보는 사람의 욕심일 뿐 결코 당사자의 행복은 아닐 것이다. 보는 사람들의 잣대에 맞지 못한다고 손사래 치고 거리를 두는 마음이야말로 고쳐야 할 장애이리라.

그들에게 결코 불행이라는 단어만이 붙어 다니는 것은 아닐 것이다. 어려운 과정을 거치면서 서로 간에 애정을 더 확인해 보는 일도 있을 터이다. 온 가족이 겪어야 하는 고통과 아픔이지만 밝은 웃음도 함께 간직하게 되리라는 믿음을 가져본다.

8봉을 건너다

한 입 크게 베어 먹은 떡인가. 여덟 봉우리가 어깨를 나란히 하고 서 있다. 진안 구봉산 8봉우리들의 속에는 어떤 것들이 들어 있는지 궁금하다. 단지 그 모양만이 궁금한 것은 아니다. 단단한 바위들의 속성이 더 궁금하다.

구봉산을 만나러 가는 길은 결코 만만하지가 않았다. 처음 시작이 순하다 해서 그렇게만 보면 안 될 일이었다. 한발 한발 올라가는 발걸음은 고도가 달라지면서 속도가 달라지고 숨 고르기도 달라졌다. 그래도 뭔가를 향한 기대는 다음 단계로 이어주는 연결점이다.

첫 봉우리는 건너다만 보았다. 8봉우리를 오르락내리락할 체력을 비축해야만 했다. 갔다가 다시 돌아와야 한다는 이유가 발목을 잡았다. 다 끝나고 나면 후회할지도 모른다. 때론 그런 여유도 부리면서 살아야겠다고 억지를 부리는 걸까. 나뭇가지 사이로 보이는 봉우리의 윤곽만 바라다보며 짐작으로 크기를 재어 본다. 맞지 않는다고 해도 크게 탓할 마음이 없다. 그러저러 대충 사는 것도 과히 나쁘지 않다는 것을 알아버린 나이가 되었다고, 때론 모르면서 아는 체하는 것도 현명한 것이라고 느긋한 척을 한다.

두 번째 봉우리부터는 계단이 눈에 들어왔다. 오르락내리락할 것이 뻔하다는 것을 알았으면서도 살짝 가슴을 짓누른다. 당연한 것을 가지고 공연히 심사가 어긋난다. 누구보다도 힘들어할 일을 왜 하면서 굳이 문제로 삼는 건지. 내가 나를 향해 구시렁거린다. 좀 넓어진 것 같다가도 다시 좁아지는 내 소갈머리가 참 변덕스럽다.

세 번째 봉우리에서 조금 자연스러움을 느낀다. 정갈한 계단보다는 어설픈 밧줄 하나에 내 몸을 맡겨 보는 것도 싫지 않은 기분이다. 참 묘하다. 힘은 더 드는데 마음은 계단을 이용하는 것보다 평온해진다. 거칠다고 다 나쁜 감정은 아니다 싶다. 미끄러지지 않으려 바닥에 몸을 더 바짝 붙여 기다 보니 바위 사이에 자리 잡은 잡초가 눈에 들어온다. 가녀린 잡초가 아주 작은 꽃을 피웠다. 허리를 굽히지 않았다면 그 꽃을 볼 수 있었을까. 때론 저 자세로 살면서 모르고 지나갈 뻔한 일들을 챙겨보는 일도 좋다.

네 번째 봉우리의 정자가 이 산의 주인 노릇을 하는 듯싶다.

아랫마을을 내려다보는 마음이 양반다리 격이다. 위에 있다는 사실이 그렇게 만드는 걸까. 대개의 사람은 그렇게 세상을 얕잡아 보려고 한다. 하지만 아래에 있는 사람은 그걸 받아드리지 않는다. 그러니 혼자 생각하고 혼자 행동하는 실수를 범하는지도 모른다. 경치 좋은 정자에서 엉뚱한 생각으로 풍경을 색칠하고 있다. 그것도 내가 그린 세상에나 존재할 뿐인 헛짓. 그 헛짓이 나를 잠시 나를 우쭐하게 만든다. 때론 이런 것도 삶의 윤활유가 될 수 있을까.

구름다리가 넷과 다섯을 연결했다. 오르고 내리는 기복 없이 곧바로 건널 수 있는 다리. 그 밑은 아찔한 현기증이 도사리고 있다. 조금 편해지자고 다른 불편함을 불러들인다. 그래도 그것이 좋다고 생각되기 시작하면 다 그렇게 보인다. 그 다리의 편리함과 보기 좋은 풍경이 사람들을 불러들인다. 수많은 사람의 발걸음에 자연의 숨소리가 거칠어지고 구멍 뚫린 바위에 간신히 연결된 난간 하나가 불안해 보인다. 그것을 붙들고 있는 바위가 너무 힘들어 보인다. 사람들은 바위가 단단해서 괜찮으리라고 생각하지만 바위라고 다 그렇게 단단하기만 할까. 어느 순간 놓치는 날엔 산속의 평화가 깨진다. 그런데도 사람들은 전혀 괘의치 않는다. 당당한 걸까 미련한 걸까.

여섯 번째 봉우리는 가물가물하다. 어떤 특징이 없어서일까. 있어도 그만, 없어도 그만인 봉우리인 것 같다. 하지만 그곳에 있는 것들 또한 산속을 채우는 작은 분자라는 걸 왜 모르겠는가. 변변찮은 풀 한 포기, 작은 돌멩이 하나하나가 이 세상을 차곡차곡 채워주는 특별한 존재라는 걸 알고 나면 거기에 잠시 서 있었던 내 자신도 특별하다.

일곱 번째와 여덟 번째의 구름다리는 살짝 휘어졌다. 사진 속에서 보는, 그 다리를 건너고 있는 내가 조금은 괜찮아 보인다. 스틱에 몸을 유지하고 또박또박한 발걸음으로 계단과 다리 사이를 건너고 있다. 경계가 다른 구역을 건넌다는 것은 색다른 감정을 느껴보는 일이다. 숱하게 많은 경계선을 넘나들면서 겪은 감정들. 어느 순간 환했다가 어느 순간 어두워지는 감정의 흔들림이 결코 무의미한 것만은 아니었다. 직선적인 것보다 굴곡의 의미가 깊은 휘어짐의 묘미다.

생의 끝부분이 되어서야 그 묘미의 가치를 조금씩 알아간다.

쉬어가는 물레방아

짙어가는 신록이 조용해지고 싶은 마음을 깊이 끌어들인다. 이런 날은 마음껏 여유를 즐겨보고 싶다. 핸드폰까지 차단하고 한 번 가 보리라 마음먹었던 곳을 향해 서서히 핸들을 돌렸다.

2차선에서 1차선으로, 다음은 맞은편에서 차가 오면 어떻게 비낄까 염려하며 외길을 올라간다. 뱀이 기어가듯 구불텅구불텅한 길을 한참 거슬러 올라가니 자그마한 절이 보인다. 누군가 그곳 정원이 아름답다고 하여 마음에 담아 두고 있었던 곳이다.

차에서 내리니 각가지 꽃향기가 마중을 한다. 일주문에서부터 절 구석구석이 온통 꽃 천지다. 그 가짓수와 종류를 다 헤아리기가 어렵다. 가지런히 정돈된 꽃은 아니지만 그저 이곳저

곳에 발붙일 수 있는 공간이면 어디고 들어앉아 자태를 뽐내고 있다. 어찌 보면 어수선한 것 같고 어찌 보면 절집다운 풍경 같다. 한걸음 한걸음 옮길 때마다 색다른 꽃에서 느끼는 감흥이 미처 다 해소되기도 전에 다른 감흥이 겹친다. 그래서 혼란스러울 법도 하건만 시간이 갈수록 마음은 차분해지기만 한다.

이리저리 둘러보다 물레방아 앞에 앉았다. 묵직한 물레가 그리 많지 않은 물살에도 제법 잘 돌아간다. 조금씩 고였다가 곤두박질치는 물살의 소리가 청량하고 잘게 부서져 흩어지는 물방울들이 햇살과 교차하면서 영롱한 빛을 발한다. 세상에는 아름다운 것들이 참 많다는 생각을 하면서 그저 무심히 보고 있었다. 돌고 도는 숫자만큼 들고나는 생각에 빠지면서 입언저리에 미소를 머금기도 하고 가느다란 한숨이 새어 나오기도 했다.

언제부터일까. 몽롱한 꿈속 같은 시간이 지나면서 내 호흡이 느긋하게 한 번씩 잠깐 쉬고 있음을 느꼈다. 왜 그럴까 하는 생각이 들며 퍼뜩 정신이 드는 듯했다. 그제야 머리엔 온갖 생각이 오락가락해도 내 눈은 계속 물레방아를 바라보고 있었다는 걸 알았다. 그런데 그 물레방아가 규칙적으로 돌아가는 것이 아니고 한 번씩 잠시 쉬었다가 돌아간다. 무엇이 잘못된 것인지 아니면 일부러 그렇게 만든 것인지는 모르겠지만 얼핏 보아서는 그냥 넘겨 버리고 말았을 작은 변화를 내 호흡이 맞추어 가고 있었다. 세상을 잊어버린 듯 멍한 상태에서도 내 몸은 물레방아가 도는 흐름에 박자를 맞추고 있었던가 보다.

쉬어가는 물레방아, 앞만 보고 달리지 말고 가끔은 저리 쉬었다 가라는 뜻인가. 과연 절 마당에 세워진 물레방아답다. 그러고 보니 내가 이 절에 와서 진정으로 새기고 갈 것은 저 물레방아의 흐름이구나 싶다.

'그래, 좀 쉬어가자.' 이 순간만이라도 복잡한 마음 잠시 접어두자고 생각해 보지만 마음만으로 되는 것은 아닐성싶다. 하지만 물레방아의 흐름에 내 호흡이 스스로 박자를 맞추었듯 세상사 돌아가는 것에 자연스럽게 순응해 가는 것이 쉬어가는 것 아닐까. 안 되는 일에 매달리지 말고 막히는 길에서는 비켜가고 악연은 피해 가는 지혜를 갖추다 보면 힘든 고비는 넘어갈 듯싶다.

조심스럽게 법당 안으로 들어갔다. 경건한 마음으로 삼배를 드리며 잠시 내 안의 감정을 헤집어 본다. 뭔가에 짓눌린 날엔 몸도 마음도 문이 닫힌다. 살면서 그런 속내를 숨기고 '허허'하며 넘기는 경우도 있지만 어느 날은 그렇게 되지 않는다. 굳어져 버린 표정을 어쩌지 못하고 사방이 꽉 막힌 듯한 답답함에 가슴이 빨딱거린다. 죄송스럽게도 그런 날만 부처님을 찾는다.

무엇을 해결해 달라고 하는 것은 아니다. 그저 그런 마음임을 고백할 뿐이다. 무엇인가를 부탁하기보다는 어떤 일이 닥치든 그 뜻을 따르는 것이, 내게 주어진 삶을 충실히 살아가는 것이 최선의 길이라고 생각하려 한다. 그렇게 순리대로 받아드리며 살고 싶다. 그래서 내가 하는 말은 항상 "부처님 뜻에 따르겠습니다."이다. 법당문을 나서니 처마에 매달린 풍경이 몇 번 울린다. 우연이겠지만, 부처님께서 내 얘기 잘 들었노라고 고개 끄덕여 주시는 신호 같다.

물레방아소리 흐름에 여유 있게 숨을 고르고 풍경소리 여운에 돌아오는 발걸음이 가볍다. 어느 날, 또 가슴이 짓눌려 숨이 가빠지면 다시 저 물레방아를 찾아와 내 호흡을 다스려 볼까 한다.

해당화

향기조차도 알싸하다. 인적 드문 바닷가 풀숲에 숨은 듯 피어 있는 모습도 알싸하고 저 멀리 수평선을 바라보는 자태로 발돋움하고 있는 모습도 알싸하다. 요란하지 않으면서도 곱고 한꺼번에 몽땅 피지 않고 간간이 한 송이씩 피는 꽃이라서 더욱더 애잔하다.

어찌 풀숲에 숨은 듯 피어 있는 꽃만 그러하랴. 모래밭 위에 살포시 주저앉아 있는 듯한 모습 역시 알싸하다. 스치고 시나가는 바닷바람에 할퀴고, 뒹구는 모래알에 부딪히고, 쏟아지는 햇살에 데어 상처를 입기도 했다. 가만가만 다가가 귀 기울여 보면 몸살 앓는 소리가 들린다.

지나가는 배 한 척 없고 끼룩거리는 갈매기 한 마리 없는 적막한 바다. 해당화와 나만이 나누는 감정이 빈 해변을 채운다. 알 수 없는 서러움에 울먹이는, 아파도 아프다고 말하지 못하는, 행여 상처 입을까 미리 마음 닫아버리는 감정. 해당화에서는 그런 감정이 느껴진다. 그래서일까. 꽃잎에 그늘이 진다.

이곳저곳에서 팔짝팔짝 뛰어오르는 고기가 있다. 숭어 철이라던가. 자세히 보려고 천천히 바닷물 쪽으로 다가가 본다. 하지만 인기척에 도망해 버린 걸까. 아쉽게도 햇빛에 반짝이는 고기 비늘의 묘기는 끝나고 말았다. 마음이 머쓱해져 버렸다.

머쓱해진 마음을 다스려 보고자 가만히 서 있는 발밑으로 스르르 밀려들어 오는 물. 두어 번 조금씩 밀려왔다 나가는 과정을 거쳐 다시 쑥 밀고 들어온다. 그럴 때마다 뒷걸음친다. 신발 젖는 것이 두려워서인지 들고나는 부딪힘으로 생기는 거품을 망가뜨리고 싶지 않아서인지는 잘 모르겠다. 얼마나 시간이 흘렀을까. 상당히 많은 거리를 뒷걸음질만 쳤다. 왜 하필 뒷걸음쳐야 할 수밖에 없는 곳에 서 있는 것인가.

돌아서는 순간 또다시 눈에 들어오는 해당화. 좀 전과 반대편에서 보는 해당화는 아주 밝은 빛이다. 먼발치서 내 하는 양을 눈여겨보았던가. 빙긋이 웃는 것 같다. 참으로 해맑은 표정이다. 뒤편에서 보았던 그늘은 단지 내 생각이었을 뿐인가. 그러고 보니 알싸하다는 느낌은 내 안에 도사리고 있었던 감정이었던가 보다. 왠지 모를 부끄러움에 멋쩍어하는 내 마음을 다 알고서도 모르는 체 해주는 자태가 정겹다.

어느 시인이 그랬던가. '누구나 자기만의 바닷가가 하나씩 있으면 좋다.'고. 나는 내 부끄러움을 숨겨준 해당화가 있는 이 바닷가를 나의 바닷가로 정하고 싶다.

감성도 나이를 먹는다

아기자기한 꽃 몇 송이가 나풀거리며 다가오고 있다. 꽃하고는 전혀 어울릴 것 같지 않은 남자의 투박한 손에서 향이 풍겼다. 그것을 바라보는 내 표정이 의아해 보였던 것일까. 얼핏 스치는 눈빛이 좀 민망해하는 것 같았다.

"태풍이 온다는데 비바람에 망가져 버릴 것 같아서요."

묻지도 않는데 변명을 하며 쑥스러워한다. 그 순간 내 감성이 한 대 얻어맞은 것 같았다. 나는 왜 그 생각을 못 했을까. 그저 꽃을 꺾으면 안 된다는 생각만 했지 상황에 따라 꺾어주는 것이 더 아끼는 마음이라는 사실을 미처 생각지 못한 것이다.

그의 손에 들린 꽃이 크고 화려하지는 않았다. 길을 내기 위해 베어버린 곳에서 다시 자란 풀들이 그 나름대로 한 생의 순서를 다시 반복하고 마무리를 하느라고 핀 작고 보잘것없는 꽃들이었다. 그런데 그 꽃 모둠이 참으로 아기자기하고 앙증맞은 꽃다발이 되어 있었다.

남자는 그 꽃다발을 어떻게 하려고 마음먹었을까. 어쩌면 집에서 기다리는 아내나 어린 딸에게 안겨 줄 것이다. 잠시 가던 걸음을 멈추고 남자의 뒷모습을 바라보았다. 그의 등 뒤로 살며시 미소 짓는 여자와 깔깔거리며 웃는 꼬마 아가씨의 모습이 그려졌다. 껑충껑충 걸어가는 발걸음에서 잔잔한 행복이 울림으로 번져나갔다.

그의 모습에서 내 젊은 날의 여린 감성들이 묻어났다. 허리를 구부렸다 펴는 동작이며 꽃잎을 코에 대고 향을 맡는 행동들 모두가 내 먼 기억 속에 숨어 있었던 동화 속 풍경 같았다. 그 모습이 왜 그렇게 사랑스럽게 보이는 것일까. 한참을 그렇게 잊고 있었던 감성 속에 빠져 멍하니 서 있었다. 어느덧 그 남자의 손에 들린 꽃다발이 나붓나붓 흔들리며 굽어진 산책길 저편으로 사라져 갔다.

산책하는 내내 그의 손에 들렸던 꽃다발이 아른거렸다. 나도 그런 꽃다발 하나쯤 만들 수도 있으련만 그럴 생각은 없고 그 사실만 마음속에 깊이 자리 잡았다. 그러면서 뭔가 헛헛함이 밀려왔다. 내 주위에 꽃이 없었던 게 아니라 감성이 점점 사라져 가고 있었다는 사실을 깨달았다. 점점 메말라 가는 감성만큼이나 집안 분위기가 버석하지 않는가, 방 한구석에 차곡

차곡 쌓여있는 빈 화병들이 제 할 일을 잃어버리고 먼지만 뒤집어쓰고 있다.

어려서부터 꽃을 좋아했던 것 같다. 내가 제일 어린 모습으로 찍힌 사진에는 가슴에 커다란 종이꽃을 달고 있었다. 아마도 무슨 잔칫날 같았는데 한두 마디쯤 말을 할 나이인 듯했다. 그 뒤의 사진도 주로 꽃밭 속이거나 손에 꽃을 들고 찍은 것들이었다. 그러다 꽃꽂이를 하기에 이르렀고 수없이 많을 꽃을 아우르며 살았다.

그처럼 늘 꽃 속에서 살았다. 그런데 지금은 꽃과의 교감이 서서히 멀어져 가고 있다. 큰 행사를 위한 꽃꽂이 외에는 일상생활에서의 꽃은 점점 멀어지고 있다. 작은 병에 꽃 한 송이 꽂아놓고 흐뭇해하던 감성이 어디로 사라져 버린 것일까. 아니 그 사실조차 까맣게 모르고 있었던가. 나의 감성이 그렇게 서서히 멀어져 가는 소실점으로 사라져 가고 있었다고 생각하니 온몸에서 힘이 쏙 빠졌다.

꽃이 없어서도 아니고 돈이 궁해서도 아니건만 이제 현실적인 일에 더 치중하고 사는 사람이 되었다는 사실이 못내 아쉬웠다. 다시, 오로지 예술성을 찾아 가위질하던 순수함을 찾고 싶고 그런 열정을 쏟아내며 살고 싶다는 생각이 꿈틀거렸다. 아니 가냘픈 풀꽃 한 송이에 마냥 흐뭇해했던 그 여리고 풋풋한 감성을 다시 찾고 싶었다. 그런데 어찌 된 일인지 그런 생각을 하면서도 내 손에 꽃 한 송이 쥐지 못하고 돌아왔다.

산책길에 핀 무수히 많은 풀꽃을 보면서 가끔 그 남자의 감성을 떠올리곤 한다. 그러면서 차츰, 무디어져 가는 내 감성을 탓하기보다는 그렇게 되어버린 나이가 되었음을 인지하게 되었다. 물 한 방울에서 느끼는 촉촉함, 살짝 스쳐 가는 바람에도 붉어지는 뺨에서 느끼는 예민함, 눈 감고 맡아보는 공기의 흐름에서 느끼는 달콤함 등등. 이제 내게서는 점점 사라진 그 풋풋했던 감성이 더없이 소중했었음을 느끼게 되었고 그 꽃들은 그런 감성을 지닌 사람들의 몫이라고 생각되어 나는 그저 눈으로만 보는 것으로 만족하기로 했다. 어쩌면 파닥거리는 풋풋함보다는 느긋하고 잔잔한 편안함이 더 익숙해져 가고 있는지도 모르겠다.

세월은 이렇듯 감성에도 나이를 먹게 하나보다.

생의 고리

앙상한 나뭇가지 사이로 연 하나가 걸려있다. 누군가 날렸던 연의 줄이 끊어져 버린 모양이다. 그 연은 제 몸의 배가 넘는 긴 꼬리가 달린 방패연이다.

여기저기 찢긴 모습이 왠지 좀 처연해 보였다. 넓은 하늘을 향해 맘껏 날지 못하고 어쩌다 저렇게 되어 버렸을까. 산책하며 오솔길을 오르내릴 적마다 자꾸만 마음이 쓰였다. 어쩌다 삶의 끈을 놓쳐버린 인생의 낙오자 같은 모습이어서 외면하고 싶기도 했다. 그러나 눈을 감고 다니지 않는 한 결코 피할 수 없는 일이었다. 그렇게 여러 날이 흘렀다.

이상하게 날이 갈수록 끝에 달리 꼬리의 펄럭임이 점점 정겨워 보였다. 드넓은 창공을 휘젓는 자태는 아니지만 그저 부는 바람에 제 몸을 맡긴 듯 나긋나긋한 모습이 마치 어린아이들의 율동 같아 보였다. 비록 몸체는 기동하지 못하지만 아직 숨을 쉬고 있는 생명체로 보였다. 어쩌면 연의 몸체는 꼬리의 움직임에서 생동감을 느끼며 마지막 생을 즐기고 있는지도 모르겠다. 어쩔 수 없는 환경에 매여 이러지도 저러지도 못하는 처지가 되었지만 연결된 고리가 있고 그것에서 느껴지는 태동이 있기에 견뎌낼 수 있지 않을까.

장애로 살아가는 엄마와 아이들이 있다. 어느 날 갑자기 엄마에게 찾아온 불행이 가족들을 더욱 불행하게 만들었다. 평범한 가정 속에도 끼지 못하는 그들에게 왜 그리 큰 고난이 겹치는 것인지. 엄마의 좌절과 고통이 고스란히 아이들에게 전달되면서 정서적으로 불안한 생활을 할 수밖에 없는 상황이었다.

그러나 어머니라는 자리가 그녀를 강하게 만들었다. 성하지 못한 자식들을 위해서 혼신의 힘을 다해 재기의 길을 택했다. 어떻게 하던 아이들이 마음에 그늘을 지우게 할 수 없다는 신념으로 삶을 이어갔다. 하지만 얼마 동안 휠체어에 의지해야만 하는 그녀의 생활 동선은 작은 새장 속에서 움직이는 새보다도 단순했다.

그래도 그들은 그 누구보다도 깊은 정을 품고 있었다. 엄마와 아이들, 누이와 동생이 나누는 따뜻한 마음은 어떤 상황에서도 견딜 수 있는 힘을 갖게 했다. 그것은 서로 연결된 핏줄의 고리가 견고했기 때문이었으리라. 어려운 환경을 탓하기보다는 주어진 처지에 감사하는 마음을 품고 살아가는 아이들에게서 엄마는 살아갈 희망을 얻었을 것이다. 연의 모습이 정겹게 느껴졌던 건 그 가족들의 따뜻한 애정과 사랑이 연상되었기 때문이었던 것 같다.

요즘 들어 연이어 터지는 사건들을 보고 있노라면 무서운 생각이 든다. 어쩌다 형제자매와 부모자식 간의 천륜마저 무너져 가고 있는 세상이 되었을까. 가까운 사람까지도 믿지 못하고 두려워하며 살아야 하는 어지러운 세상이다. 자신의 부덕함을 타인의 탓으로 여기고 가족을 자신에게 매여 있는 물건 취급을 하여 아무렇지 않게 함부로 다루고 버리기도 한다. 나 살기 싫으니 너도 같이 죽어야 한다고도 생각한다.

이런 세상을 받아들이기 싫어서 눈감고 귀 막으면서 살고 있는지도 모르겠다. 가까운 사람의 불행이 나와는 무관한 일이어서 다행이라고 생각하기도 하고 행여 내 발등에 불 떨어질까 아예 모르는 체하기도 한다. 그러다 보니 자꾸만 현실에서 도망치고 싶은 때가 있고 가끔은 무기력감에서 헤어나기 어려워 발버둥치는 경우도 있다.

그런데 보잘것없는 것에서 답답함을 헤치고 나갈 수 있는 탈출구를 찾은 것일까. 우연히 보게 된 나무에 걸린 연에서 묘한 감정을 느꼈다. 온전한 것에서보다 부족한 것에서 평화로움과 정겨움을 보고 그 모습에서 어렵지만 반듯하게 살아가는 사람들의 마음을 읽게 된 것이다. 많은 것을 가진 사람들의 냉기 도는 모습과 넓고 번드레한 집안에서도 폭발할 듯 거친 성격, 화려한 옷 속에 묻혀있는 찌들은 표정들에서는 감히 찾아볼 수 없는 감정들이 온화하게 퍼져 나왔다. 배고픔을 견디면서도 웃고 불편한 속에서도 서로 양보할 줄 알고 장애를 부끄럽게 생각하지 않는 사람들이야말로 천사 아닐까.

나의 부족한 것들도 탓하지 말아야 할 듯싶다. 부실한 신체도 내 몸의 일부요 부족한 지식 또한 내 인격의 일부 일터이다. 현명하지 못하고 어수룩한 성격도 나의 일부이고 어느 한구석 부족한 곳이 있는 가족들도 나의 일부인 것이다. 이 모든 것들이 바로 나와 연결되어 있으니 내가 존재하는 것 아닐까. 설령 내가 움직이지 못하는 처지가 되어도 그 부족한 것들은 여전히 나와 연결고리가 되어 줄 것이다. 그리고 그 모든 것들이 존재하는 한 나의 생은 태동을 느끼는 생동감으로 충만해질 것이다.

엄마 자리

대기실 출입문이 열리며 휠체어 탄 환자가 들어온다. 두리번거리는 환자의 눈매가 조금 흔들려 보인다. 보호자는 익숙한 몸놀림으로 간호사와 눈인사를 나누고 순번을 기다리고 있다. 무슨 일인지 잠깐 기다리라며 환자만 놓고 나가는 남자를 향해 여자가 불안한 표정으로 말을 한다.

"엄마! 어디 가? 나 혼자 어떡해?"

사람들이 일제히 그 여자에게 시선을 돌리며 침묵으로 의아함을 내비친다. 얼핏 부부처럼 보이는데 남자보고 엄마라니! 상황 파악이 되지 않는 사람들의 시선은 아랑곳하지 않고 간호사들 앞에 가서 '엄마 어디 갔느냐.'고 찾아 달라 애걸한다. 꽤 오랫동안 안면이 있는 환자였는지 그런 상황이 아무렇지 않다는 듯 간호사들의 반응이 시큰둥하다. 혼자만 이리저리 휠체어의 바퀴를 둥글리며 불안한 눈망울을 돌려댄다.

그러다 순간 나와 눈이 마주쳤다. 나는 눈을 딴 데로 돌릴 수가 없었다. 아니, 나뿐만 아니라 그곳에 있는 모든 사람의 눈이 그 여자 행동을 주시하고 있었다. 나와 마주친 눈을 그대로 고정한 채 나를 향해 휠체어 바퀴를 굴리며 다가왔다. 침을 꼴깍 삼켰다. 그 많은 사람 다 제쳐놓고 왜 나를 향해 오는 걸까.

엄마 어디 갔느냐고, 언제 오느냐고 묻기에 곧 올 거라고 대답하자 그제야 좀 안심이 되는지 얼굴에 미소를 짓는다. 너무나 소박하고 해맑은 웃음에 가슴이 쿵 내려앉았다. 내 손을 끌어다가 자기 머리에 대면서 만져보란다. 뭔가 굵직한 흉터 자국이 도도록이 올라와 있었다. 순간적으로 뇌수술 후유증을 앓는 환자구나 싶었다. 몸의 흉터보다 더 깊은 마음의 흉터가 그녀의 언행을 엇나가게 했지 싶다.

"나, 아기 못 낳아. 의사가 자궁을 수술해 버려서 아기를 가질 수 없대. 그런데 나는 아기가 갖고 싶어. 아기가 나한테 '엄마!' 하고 불러주면 정말 좋겠어. 어떤 아이에게 엄마라고 불러주면 과자 사 준다고 했는데 과자만 먹고 제 엄마한테 가 버렸어. 또 오면 이번엔 과자 많이 사 줄 거야. 그러면 불러 줄까?"

너무나 간절한 표정과 목소리에 코끝이 찡했다. 그럴 거라며 고개를 끄덕여 주니 좋아라고 웃는 모습이 정말 환하다. 그 환한 모습으로 끝없이 얘기한다. 처음 본 사람이 아니라

몇십 년 함께 한 지우처럼 스스럼없이 얘기하고 나는 맞장구를 쳤다. 진료 대기실 사람들은 마치 TV 속에 나오는 중요한 뉴스거리처럼 우리 둘의 이야기를 들으며 주시하고 있었다. 언제 왔는지 그녀의 남편도 거리를 두고 앉아 있었다. 우리를 쳐다보지는 않고 무심한 표정으로 생각에 잠겨 있었다. 세상 모든 일에 달관한 듯한 묵직한 침묵이 그의 심정을 대변해 주고 있었다. 누군들 그 앞에서 섣부른 감정 타령을 할 것인가.

한참을 얘기하던 그녀가 내게 바짝 다가와 귓속말을 한다. 남편이 모르는 체하지만 귀는 이쪽으로 열어 놓고 있을 거라며 히죽 웃는다. 그 순간만큼은 전혀 문제가 없는 평범한 아낙네였다. 나도 함께 쿡쿡대며 공감한다는 표정을 보여 주었다. 아니, 일부러 그런 것이 아니라 나도 모르게 나온 몸짓이었다. 우린 그렇게 한참 동안 남편들을 향한 공방에 의기투합하고 있었다.

얼마나 시간이 흘렀을까. 그녀의 이름이 호명되자 흠칫 놀란 듯한 표정으로 남편의 눈치를 살폈다. 잠깐은 전혀 문제없어 보이던 사람이 다시 남편의 보호 아래로 끌려들어 가는 어벙한 모습이 되었다. 엄마에게 투정부리듯 마지못해 따라가는 아이가 되어 진료실로 들어간다.

진료를 마치고 나가는 그들의 모습은, 출입문을 밀치면 차가운 공기가 잠깐 훅 불어 들어왔다 금방 스러지는 작은 회오리 같은 것이었다. 그녀가 남기고 간 얘기들의 여운이 채 사라지기도 전에 대기실의 분위기는 어느새 평범한 일상으로 돌아갔다. 그러나 나는 어느덧 그녀의 분신을 품고 있었다. 남편에게 엄마라고 부르는 이유가 먹먹하게 가슴을 조여 왔다. 엄마가 되고 싶은 갈망, 누군가 자기를 엄마라고 불러주기를 바라는 소망이 처절하리만큼 간절하게 느껴졌다.

그녀의 분신이, 한때 초롱초롱한 두 아이의 눈망울을 뒤로하고 그토록 소중한 엄마 자리를 놓아버리려 했던 내게 일침을 가한다. 그일이 얼마나 헛된 망상이고 어설픈 사치라는 것을 아느냐고…. 가벼운 한숨 한 줄기로 그때의 절실함을 대변하고는 슬그머니 현실 속으로 들어와 버렸다.

나와 이어져 있는 핏줄의 정이 새삼 따스하게 스며든다.

멈추어 버린 자연의 섭리

그야말로 찬란한 돌의 예술이었다. 인간의 힘으로, 그것도 자르기도 힘들고 운반하기도 힘들다는 돌로 그런 거대한 사원을 지었다는 게 경이로운 일이다. 과연 인간의 능력 한계는 어디까지일까.

앙코르 사원들을 돌아보면서 웅장한 모습들에 감탄을 금치 못했다. 사원들마다 각기 다른 설계와 특징을 보면서 과연 세계적인 유산이 될 만하다는 생각이 든다. 그런데 그 많은 유적 중 특별히 마음을 끄는 사원이 있었으니 바로 타프롬 사원이었다.

돌들이 아프단다. 아파서 몸살을 앓는가 보다. 퍼런 멍이 들었는가 하면 까맣게 죽어가기도 한다. 톱 들이대면 그냥 사라지고 말 나무뿌리에 돌탑들이 속수무책으로 허물어져 가고 있다.

내가 지금껏 생각하고 있던 돌이란 이미지는 단단한 물체였다. 그런데 그런 돌들이 그처럼 허무한 물체로 느껴지는 것은 처음이다. 아니 꺾일 줄 모르던 인간의 욕망이 송두리째 무너져 버린 듯 허망하기만 했다.

좀 더 잘살아보겠다고, 좀 더 특별한 사람이 되어보겠다고, 산을 깎고 들을 파헤치며 바다를 뒤집어 놓으면서까지 욕심을 부리는 인간이다. 그런 인간의 욕망에 짓밟힌 자연이었다. 그렇게 당하기만 하던 자연이 드디어 인간의 욕심에 반격했다고 해야 할까.

숱한 전쟁 끝에 폐허가 된 도시는 유령의 도시가 되었단다. 일반 거주민들까지도 귀신들린 마을이라며 왕래하기를 꺼리다 보니 자연 숲에 묻히게 되었다는 것. 그렇게 세월이 지나는 동안 탑의 틈새로 날아온 씨앗이 싹을 틔우고 자라기 시작했으리라. 나무뿌리들이 어마어마했다.

상상 속에서나 볼 수 있는 거대한 뱀들이 엉켜있는 것 같기도 하고 화산이 폭발해서 용암이 흘러내리나 굳어버린 것 같기도 했다. 아니, 크기가 짐작이 안 되는 문어가 이리저리 슬슬 기어 다니는 것 같다고 할까. 건드리면 척하니 내 몸을 휘감아서 허공에 던져버릴 것 같은 느낌도 들었다. 어쩌면 뿌리 속 진액들에 의해 돌들이 그냥 스르르 녹아내린다는 표현이 더 정확할지도 모르겠다.

무서운 힘으로 돌들을 삼키고 있었다. 그것은 그냥 물체인 돌을 무너뜨리는 것이 아니라 그 탑을 쌓기 위해 자연을 훼손시킨 인간들에게 향한 분노 같았다. 참으로 위대한 힘이었다. 그 어떤 것보다 생동감 있는, 자연의 위대함을 대변하는 나무들의 모습들이 숭고하게까지 느껴졌다.

희한하게도 스러져 가는 사원과 나무뿌리들의 조화가 아름답게 느껴졌다. 다른 사람들의 안타깝다는 표정 뒤에서 나 홀로 그 조화로움에 흠뻑 빠져들었다. 그 어떤 기교도 저런 자연스러움을 표현할 수 없을 것 같다. 단단함과 유연함, 죽어있는 것과 살아 움직이는 것의 대비 때문에 나무의 생명력이 더없이 왕성해 보였다. 어디에서 저런 역동적인 광경을 볼 수 있단 말인가.

저 나무뿌리에서 위안을 얻고 힘을 얻어가는 사람들도 있으리라. 저렇게 살 수도 있겠구나, 남을 견제하면서 살아도 되는 것이구나 싶겠다. 늘 주눅이 들어 산다고 생각하는 사람들은 저렇듯 저돌적인 힘으로 밀어붙이는 활력을 얻어 갈 것 같다. 삭혀야만 하고 뺏겨야만 하고 넘겨주어야만 하는 틈바구니에서 자신을 위해서는 저런 불가사의한 일을 꾸며보아도 좋을 거라는 생각이 넘나들 듯도 하다.

대부분 사람이 허물어져 가는 탑을 생각하면서 어찌하여 나무가 저렇듯 막무가내로 영역을 넓혀가도록 놓아두는 것일까, 저지할 방법이 없는 것일까, 다른 사원은 복원작업을 한다는데 왜 저토록 손을 쓰지 않고 있는 걸까 하는 것이 의문이었다.

사원이 무너지는 걸 막자고 나무를 베어버리면 더 허물어진단다. 뿌리들은 이미 탑을 이루는 돌들과 한 덩어리로 묶이어 이제 사원과는 떼려야 뗄 수 없는 기막힌 관계가 되어버린 것이다. 그냥 놔두면 더욱 왕성하게 자랄 뿌리들에 무너지고 베어버리면 버팀목이 스러지면서 같이 허물어질 것이 염려란다. 그러니 죽일 수도, 살릴 수도 없는 나무가 되어버려서 지금은 성장억제제를 놓아 준단다.

성장을 멈출 수밖에 없는 나무, 자연의 섭리를 마음대로 휘젓는 인간의 오만을 그대로 받아들일 수밖에 없는 나무, 그 나무들이 갑자기 액자 속에 들어 있는 그림같이 느껴졌다.

이제는 한 장의 사진으로 남아 내 마음속에서만 자라고 있다.

2부

송림원에서

하늘밥

삶의 원천

쓰레기통 앞에서

외나무다리

살다

냉기를 밀어내며

유산여독서遊山如讀書

행복지수

콜로라도의 달 밝은 밤

기억을 줍다

송림원에서

자근자근 내리는 빗속으로 빨려들 듯이 걸어 들어갔다. 향이 먼저 알고 마중을 나온다. 코끝을 살짝 어루만지더니 이내 온몸으로 스며든다. 내가 봐야 할 것의 실체를 보기도 전에 향에 취해서 아늑해져 버렸다. 몽롱해진 사지가 흐느적거리듯 끌려갔다.

우람한 소나무 사이로 짙은 안개가 서려 있어 마치 환상의 나라에 온 듯싶다. 희뿌연한 안개는 나무와 나무 사이를 매끄럽게 연결하게 하는 윤활유였다. 이 나무 건너 저 나무가 연결되어 있어 모든 나무가 모두 한 뭉치로 어우러져 있다. 여러 개가 하나인 듯 밀착되어 한 덩어리로 보였다. 그 넓은 공간이 한 덩어리라니. 그리고 그 공간에 오롯이 혼자 서 있다니. 그야말로 감미로운 순간이다.

소나무 껍질 사이로 물기가 촬촬 흘러내려 수북이 쌓인 솔가리 속으로 스며든다. 가늘디가는 솔가리들이 저마다 품을 수 있을 만큼의 물기를 품고 잘박거린다. 내딛는 발걸음 걸음마다 품었던 물기를 내어주고 또 다른 물기를 팽팽하게 빨아들인다. 빨아들인 만큼 뿜어져 나오는 무한한 향. 넓은 솔밭 사이를 헤매는 발걸음 수만큼 퍼져나가는 향의 농도가 깊어간다. 그 무엇과도 바꾸고 싶지 않은 황홀함이다.

갈라진 소나무 껍질을 자세히 들여다보니 군데군데 아주 작은 이끼들이 자리를 틀고 있다. 잘 보이지 않는 곳에서도 생명은 꿈틀대고 있었구나. 저 자리를 만들기까지 얼마의 시간이 걸렸을까. 손톱으로 깔짝거리면 뚝 떨어져 나올법한 표피 조각들이 이끼로 점령당하고 있다. 소나무 밑동에 피어난 이끼가 세월을 알려 준다든가. 까무잡잡한 껍질을 에워싸는 이끼의 면적으로 소나무의 연륜을 가름해 본다. 가만가만 더듬어 보는 손바닥 피부 틈새로 나무의 연륜을 느껴본다. 연륜이란 그저 지나가는 시간만으로 이루어지는 것이 아니리라. 자신의 존재 속의 다른 존재들을 담아 둘 수 있는 품을 갖추어야 할 것이다. 누군가와 부대끼며 토닥거리다가도 한속으로 어우러져야 하는 너른 품. 손바닥을 펴서 내 품의 넓이를 가늠해 보다가 접고 만다.

이끼 사이로 송진도 자리다툼을 하고 있다. 소나무 덩치에 비해 그리 많지 않은 양이다. 어쩌면 이끼보다는 송진이 덕지

덕지 붙어있어야 소나무답지 않을까. 울퉁불퉁 굴곡진 송진 덩어리의 거친 맛이 소나무 상징일 듯싶다. 한 방울 한 방울 방울져 모아졌다 덩치를 만들어 가는 끈기로 자신의 존재감을 만들어 가는 과정이 특별하다. 그 옛날엔 송진이 불 밝히는데 한몫을 했다. 방안에서도, 부엌에서도, 밤길에서도 어둠을 밀어내는 역할을 톡톡히 해냈다. 하지만 이제 스위치만 누르면 대낮처럼 밝은 불빛 속에서 살다 보니 송진의 그런 가치는 희미해져 갔다. 그래도 그 진가를 아는 사람은 안다.

관솔은 품위와 향을 겸비한 예술작품으로 태어난다. 불그레한 색은 그 어느 색보다도 자연스러운 아름다움이 넘친다. 흐르는 물결처럼 부드러운 무늬들은 아련한 분위기를 풍기고 제 몸체가 다 닳아져 가도록 끊이지 않고 뿜어져 나오는 향은 긴 시간을 마다치 않는다. 관솔 한 줄기가 만들어 낸 색과 무늬와 향의 결합을 인간은 감히 흉내 내지 못하리라.

그런 결과가 나오기까지 소나무의 고충이 그려진다. 생을 다한 실체는 썩어 문드러져 없어지면서도 송진을 만들고 뭉쳐낸다. 조그마한 티끌도 남기지 않으려고 불에 타고 남는 고통도 감수한다. 아무리 닳고 닳아도 향만은 잃지 않으려는 강직함을 품고 있다. 그렇게 탄생한 예술품이기에 더욱 빛나는 품격이다.

몇 백 년을 흘려보낸 후의 이 솔밭은 어떤 모습일까. 얼마나 많은 사람의 감성을 일깨워 주고 감탄을 끌어낼까. 한낮 100여

년을 못다 사는 인간들이 어찌 저들의 순수하고 영원한 품격에 이러쿵저러쿵 토를 달으랴. 쥐어짜고 두들겨 맞추고 만들어 넣은 것들에 길들여지기 시작한 마음이 살짝 부끄러워진다.

자신을 스스로 버티게 해주는 지주 하나 없이 걸어온 먼 길. 이리저리 기울거리다 고꾸라져서 생긴 생채기들로 송진 같은 딱지가 생겼다. 그 딱지를 외면만 하고 살았던가. 어쩌면 관솔처럼 걸작을 만들어 볼 수도 있었을 텐데 말이다.

소나무 껍질 틈바구니에서 새어 나오는 향이 솔밭에 내려앉아 솔가리를 적시고 소나무 사이를 오락가락하던 육신이 솔밭에 주저앉아 마음을 적신다. 메말랐던 마음이 홍건해지고 흐물거리던 육신이 척추를 곧추세운다. 실로 오랜만에 꼿꼿한 자세로 발걸음을 떼 본다. 누가 감히 내 이 꼿꼿함을 일러 위선이라 할까. 비 오는 날 솔밭에 들러 튼실한 지주 하나 챙기고 돌아간다.

하늘밥

전주천 산책길엔 이색적인 벽화가 있다. 다리 밑에 작은 무대가 있고 그곳 벽을 장식하는 타일에 그림이 그려져 있다. 산책할 때마다 스쳐 지나가는 눈길로 바라보기만 하다가 어느 날은 마음먹고 자세히 살펴보기로 했다.

"애들아 하늘밥 먹자."라는 글귀가 아이들과 무슨 연관이 있는지 궁금하다. 500여 장 되는 타일화는 갖가지 내용이 담겨 있었다. 그중에는 도내에 유명하신 분들이 아이들에게 전하는 희망의 메시지도 있었지만 대부분 아이들의 솜씨였다.

주로 천변의 풍경들을 담은 그림이다. 흘러가는 물, 그 속에 있을 법한 물고기, 물 위를 나는 새, 그 새들의 몸짓 등을 순수한 마음으로 그려 넣었다. 가만히 들여다보고 있자니 그림 속의 주인공이 되어 가는 듯했다. 물고기도 되어 보고 새도 되어 보고 곤충도 되어 보면서 아이들의 마음으로 동화되었다.

그러다 어느 그림 하나에 마음이 묶였다. 바탕에 비해 아주 작은 풀꽃 하나가 피어 있는 그림이었다. 넉넉한 공간이건만 아이는 왜 이렇게 작은 풀꽃 하나만 그렸을까. 저 작은 풀꽃에서 무엇을 보았을까. 얼핏 그 그림을 그린 아이의 모습이 실루엣으로 그려졌다. 혹 학대받는 아이가 그린 그림 아닐까 하는 생각이 들었다.

바닥도 메마른 황토색이다. 이파리도 밑 부분에 달랑 두 잎이었고 그 속에서 가느다란 대궁이 올라와 꽃을 피웠다. 꽃의 얼굴도 흐릿한 것이 시름시름 앓는 어린이의 표정 같다. 이에 비해 옆 그림은 아주 진한 빨간색 꽃이 화면 전체를 차지했다. 그리고 이글거리는 해가 이 꽃을 향해 따뜻한 햇볕을 내려 보내고 있다. 모든 것이 부족해서 핏기 잃은 얼굴로 살아가는 듯한 아이의 마음과 누군가의 사랑을 듬뿍 받고 화려하게 꽃 피운 듯한 아이의 마음이 아주 대조적으로 표현된 그림이었다.

인간의 눈은 자신의 존재감만큼의 크기만 보이는지도 모른다. 아이는, 보통 사람들은 그저 무심히 지나치고 말았을 작은 풀꽃에서 자신이 존재감을 읽었지 싶나. 사신의 존재가 너무 초라하다는 잠재적인 요소가 곁들여 있는 듯싶어 애잔한 마음이 앞선다.

아이들에게 영향을 미치는 요소들은 무엇이며 누구의 책임인지 생각해 보아야 할 일이다. 연이어 보도되는 뉴스들 속에서 아동학대의 장면들이 클로즈업된다. 온 힘을 다해 사랑해도 부족하다고 생각되는 부모로부터의 학대가 많다는 사실도, 그런 사실이 잘 드러나지 않는다는 것도 부정할 수 없는 일들이다.

가장 가까운 사람들로부터 받는 상처가 더 깊다는 말이 허황한 말은 아닌 듯하다. 세상에서 제일 믿어주고 사랑해 주어야 할 가족으로부터 받는 상처는 정말 치유될 수 없는 상처다. 남남일 때는 싫을 때 떠나버리면 그만이지만 평생을 같이 해야 할 처지라면 그 상처를 보듬고 같이 뒹굴어야 하리라. 떼어낼 수도, 잊어버릴 수도 없는 상황 속에서 평생을 살아야 할 것이다.

깊은 응어리로 뭉쳐 자신을 스스로 헤집고 망가트리는 삶을 살아갈지도 모른다. 누가 그 어두운 그림자를 밝게 비춰 줄 것인가. 어쩌면 아무도 감당해 내지 못할 일일 수도 있다. 그저 지켜볼 수밖에 없는 현실일까.

'하늘밥'이라는 단어의 의미를 알아보았다. 자연이 주는 선물이란다. 숲과 물과 공기와 바람들이 어우러져서 만들어지는 순수한 것들. 인공 감미료 같은 것들을 넣어 만든 것이 아닌, 그냥 있는 그대로의 것들로 만들어져서 조금은 어설프고 거칠어도 정감이 가는 것을 상징하는 말이란다. 듣기만 해도 마음 따듯해지는 단어다. 넘쳐나는 문명의 혼동 속에서 어떤 것이

옳고 그른 것인지도 모르고 기계 속으로만 휩쓸려 가도록 내박쳐 둔 현실, 책임감 없는 어른들의 무관심과 정서가 깃든 가르침이 부족한 사회 환경 속에서 꼭 필요한 말이 아닐는지. 그런 밥을 먹는 아이들이야말로 맑고 환하게 자랄 것이다.

그렇다. 우리 어른들이 그런 밥을 먹도록 환경을 만들어 주어야 하고 권해야 한다. "얘들아 하늘밥 먹자." 이 얼마나 바람직한 구호인가. 그런 환경을 보고 스며들도록 자연을 만나게 해서 그림으로 표현하게 하여 발표의 장을 만들어 준 것이다. 그 장소가 비록 다리 밑 좁은 벽면이지만 그곳에서 퍼져나가는 맑은 기운은 무엇과도 바꿀 수 없는 소중한 것들이다.

그 그림들을 자세히 들여다보면서 나는 내 아이들을 어떤 환경에서 키웠던가 싶다. 그저 모든 것이 부족했을 뿐이다. 그것을 어떻게 만회할까 생각하다가 손주들에게 마음이 갔다. 내 아이들에게 미처 먹이지 못했던 하늘밥을 손주들에게라도 먹여줄까 생각 중이다.

내친김에 작은 것에서부터 시작하기로 했다. 이런저런 이유로 나들이를 제대로 하지 못하는 손녀와 약속을 했다. 봄엔 봄꽃들이 흐드러진 섬진강을 돌아보기로 했다. 여름엔 시원한 부안 해변으로, 가을엔 단풍 화려한 지리산자락으로, 겨울엔 눈꽃 만발한 덕유산으로 약속하고 서로의 메모장에 기록해 두었다. 이제 초등학교 고학년이 되었으니 부모 그늘에서 잠시 벗어나도 되는 나이다. 그래서 단둘이만 가는 여행으로 계획

했다.

그 약속이 이루어질지는 모르겠지만 약속 자체만이래도 하늘밥이 되지 않을까 싶다. 괜스레 마음 설레고 기다려진다. 아마도 나는 벌써 하늘밥을 먹은 듯하다.

삶의 원천

'카톡!' 소리에 자울거리던 몸을 추스르고 내용을 살펴보니 무슨 전시장에 가 보자는 내용이다. '한국 산사의 단청 세계'라는 제목이 솔깃하여 전시실을 찾았다. 마침 운 좋게도 작가가 자리하고 있어서 사진들의 설명을 들을 수 있었다.

한국 산사는 종교를 떠나서 그 자체가 미술관이고 박물관이란다. 단청문양들은 장엄 예술로서 인류의 보편적 가치를 가진 것이라고 인정을 받아 2018년에 7곳(양산 통도사, 영주 부석사, 안동 봉정사, 보은 법수사, 공주 마곡사, 순천 선암사, 해남 대흥사)이 세계문화유산으로 등재되었다. 주로 그 산사들의 단청이나 벽화 사진 전시회다.

한국 산사 법당은 고구려 고분벽화, 고려 불화, 조선 민화로 이어지는 한국미술의 도도한 흐름이 계승되고 축적된 곳으로 전통성과 종합성을 갖추고 있어서 전통단청문양과 벽화, 조형의 보고라고 할 만하다는 작가의 말을 들으며 사진들을 관찰하였다.

참으로 오묘하고 아름다운 문양들이었다. 간혹 산사를 들러 보면서도 곳곳에 그려진 그림들을 미처 보지도 못했을 뿐만 아니라 보고도 그 깊은 뜻을 헤아리지 못한, 그저 수박 겉핥기식이었구나 싶다. 좋은 화면을 얻기 위해, 인위적인 조명보다는 되도록 자연의 햇볕을 통해 촬영하겠다는 욕심으로 해의 고저에 맞춰 몇 번을 반복하면서 발이 부르트도록 찾아다녔단다. 작가의 그 열정에 존경심이 일었다.

안동 봉정사 영산암 웅진전 벽면에 그려졌다는 〈선학도〉 사진 앞에서 발길이 멈췄다. 〈선학도〉에 등장하는 핵심소재는 쌍학, 고매(古梅), 길상화(인동), 보름달, 불사초였다. 해묵은 매화나무 등걸인데도 꽃이 만발하였고 나무 아래에선 불사초가 흐드러지게 피었다. 또한 길상화 줄기가 매화나무를 칭칭 감고 힘차게 뻗어 올라가 꽃을 피웠는데 그 줄기 모양이 굉장히 선명하게 표현되었다. 언뜻 보기에 넝쿨 줄기가 거대한 고매 등걸을 옭아매고 있어서 숨통이 막힐 것 같은 느낌마저 들었다. 다른 것보다 더 도드라져 보이는 길상화의 의미를 물어보았다.

늙은 나무가 꽃이 많이 피었다는 것은 물이나 영양분을 빨아들이는 힘이 강하다는 것인데 넝쿨 식물들은 그런 능력 있는 나무를 찾아 뻗어 올라간다는 것이다. 다른 식물을 품고도 거뜬히 그 역할을 다하는 고매의 왕성한 기운을 돋보이게 해서 상서로움을 표현한 기법이라는 것.

그 말을 듣는 순간 한 이야기가 생각났다. 어느 교수님이 방학 동안에는 학생들을 데리고 작은 암자에서 수업을 했단다. 어느 해 눈이 많이 와 절 가까이에 있는 노송 가지가 부러져서 지붕을 망가뜨려 놓자 그 소나무를 베어 버렸더니 그 후에는 근처로 흐르던 물줄기가 없어져 버려 식수 문제가 곤란해지는 바람에 다른 곳으로 옮길 수밖에 없었다는 이야기였다.

고매나 노송의 뿌리는 긴 세월을 두고 뻗어 내렸을 것이니 그 길이가 얼마이며 그 깊이가 얼마이겠는가. 생명에 필요한 것을 끄집어 당기는 힘이 그만큼 컸으리라. 그러니까 다른 것에 기대어 사는 식물들이 그런 곳을 선택하는 것이고 나무뿌리가 끌어당기는 쪽으로 물줄기가 생기는 것 아닌가. 참으로 위대한 자연의 이치다.

불현듯, 뭔가의 기둥이 되는 위치에 있는 것이 삶의 원천이 되는 것이구나 싶다. 식물이든 동물이든 어느 한 자리에서 깊고 넓게 뿌리를 내리고 사는 것이 바로 생명의 원천이요 어떤 무리를 이끌어 가는 힘이 된다는 것이다.

요즘, 이 나라를 지탱해 가는 삶의 원천은 높은 자리에서 말다툼으로 자신의 위치를 확인시키려는 사람들보다는 적재적소에서 꾸준히 제 할 일을 하는 사람들이라는 걸 느낀다.

그런 사람들이 넓고 깊게 닦아 놓은 탄탄한 위치가 무너지지 않는 한 생명의 물길은 이어질 것이고 그것을 토대로 무궁한 발전을 이뤄낼 것이라 믿어 본다.

쓰레기통 앞에서

그 음식쓰레기통 앞에만 서면 웃음이 나온다. 왠지 모르게 편안하고 다정한 느낌을 받는다. 냄새 고약하고 파리 떼 날아드는 지저분한 장소에 서서 나는 왜 그런 마음이 드는지 모를 일이다.

사람 사는 구역에 따라 주위의 시설이 다 다르다. 내가 사는 아파트는 그리 큰 단지는 아니래도 갖출 것은 거의 다 갖추어져 있다. 그런데 친정어머니가 사시는 아파트는 5층짜리인 데다 몇 동 되지 않은 소형 단지다. 그러다 보니 다소 부족하고 불편한 점이 많다.

그곳 음식쓰레기통이 골목 길가에 놓여 있어서 썩 보기 좋은 풍경이 아니다. 겨우 차 한 대가 지나갈 수 있는 좁은 골목인데 어느 날은 비닐 등이 널브러져 있기도 하고 어느 날은 미처 치우지 못한 탓에 덮개가 꼭 닫히지 못하고 비스듬히 열려 있어 보기 흉하기도 하다. 더구나 쓰레기통을 씻지도 않고 사용하기만 하는지 때가 덕지덕지 끼어 있다. 그래서 음식쓰레기를 버리러 가게 되면 으레 이맛살을 찡그리고 코부터 막곤 했다.

그러던 어느 날, 그 쓰레기통 위에 쪽지 하나가 붙어 있었다. '통에 비루리 너치 마세요' 그 내용을 읽는 순간 '픽' 웃음이 나왔다. 누가 써 붙인 걸까. 자꾸만 웃음이 나왔다. 그 웃음이 결코 비웃음은 아니었지만 그래도 왠지 입 언저리가 어색하게 움직여지는 웃음이었다.

통에는 음식물 외에는 다른 이물질이 들어가서는 안 되는데 음식물을 담아온 비닐까지 통속에 다 넣어버리니 회수해 가는 쪽에서 문제가 생기는 것이다. 아마도 아파트 관리자는 그런 문제 때문에 골치를 앓는 모양이다.

직업은 못 속인다고 했던가. 편집 일을 자주 하다 보니까 철자법 틀린 것이 눈에 거슬렸다. 그래서 내가 고쳐 써 붙일까 하다가 내 소관이 아닌 일에 너무 지나친 간섭일 거라는 생각이 들어 그냥 지나치곤 했다. 그런데 참 이상하다. 쓰레기를 버리러 갈 때마다 그 글에서 정감이 묻어나왔다.

삐뚤빼뚤한 모양이며 맞춤법이 안 맞는 글자라서 처음엔 무슨 말인지 몰랐다. 한참을 생각해 보고 나서야 그 뜻을 알게 된 것이다. 본인은 다른 사람들이 자신의 글을 보고 이런 생각을 하는 줄도 모르리라. 모르는 것이 약이라고 했던가. 일단은 아무도 그 쪽지에 대해서 말하지 않았을 터이니 크게 부끄러워하거나 상심할 일은 아닐 것이다.

아는 것이 많아야 사람대접을 받는 세상이라고 생각하기 일쑤다. 학식이 높은 사람, 권력이 높은 사람, 돈이 많은 사람 중 아마도 학식이 높은 사람이 제일 존경을 받을 것이다. 특히 우리나라 부모님들은 그래서 더욱 자녀들 교육에 열성을 다하고 있는 것이리라.

입과 눈이 트이기 시작하면서 경쟁은 시작된다. 정상적인 교육 시기가 되기도 전에 아이들은 수많은 책 속에서 살아가고 아직 철들기 시작 전부터 자신도 모르는 경쟁 속에 휘말려 들어가고 있다. 유치원으로, 학원으로, 학교로.

그 많은 지식을 얼마나 사용하면서 살까. 가만히 생각해 보면 삶의 기본은 그리 다양하지 않고 크게 차이 나는 것도 아니다. 그 외는 명예와 권위를 위해 갖춰야 할 것들이다. 그런데 그런 것들을 갖추면 갖출수록 머리가 무겁고 버거워진다.

예전에 남편의 직장 때문에 두 집 살림해야 할 때가 있었다. 일주일 중 3일은 남편 근무지의 사택에서 지내고 나머지 날은 도시 본 집에서 살았다. 두 곳을 왔다 갔다 하면서 느꼈던 것이 있다. 시골에 있을 때는 왠지 마음이 가벼웠다. 아무 생각 없이 채소나 가꾸고 잡초나 뽑으면서 그날그날 마음 편하게 지냈다. 그런데 도시 본 집으로 나와 내가 해야 할 일들을 할 때면 그저 머리 복잡하고 바빴다. 나도 모르게 누군가와 경쟁을 하고 있었고 무언가를 알아야 하기에 머리를 쥐어짜야 했다.

몰라도 되는 환경과 알지 못하면 조바심을 내야 하는 환경을 오락가락하면서 부족한 것의 가치를 알게 된 것이다. 그때, 몰라도 되는 편안함과 없어도 되는 가벼움이 얼마나 좋은 것인지를 느꼈었다. 그래서 그곳 사택에서의 생활은 정신적인 풍요를 누린 곳이었다.

내가 그 쓰레기통 위에 붙어 있는 쪽지를 보면서 편안한 마음을 느끼고 정감을 느낀 이유는 아마 그때의 마음과 같은 것이리라. 그 쪽지를 붙인 사람은 자신의 부족함을 모르니까, 그만큼 깊이를 짐작하지 못하니까 갈등의 소재가 없을 것이고 견줌의 불편함을 느끼지 못할 것이다. 얼마나 마음 느긋한 일인가.

'통에 비루리 너치 마세요'

나는 오늘도 이 쪽지 앞에서 웃음을 머금고 돌아와 경쟁 속에서 소용돌이치는 내 거친 숨을 잠재운다.

외나무다리

청명한 하늘 속으로 빨려들었다. 뽀얀 구름 한 자락이 날개가 되고 막 피기 시작하는 은빛 억새 갈기가 방향타가 되어 어딘가로 떠나고 싶은 마음을 부추긴다. 지도 어느 한 점을 눈에 담은 지 어언 몇 년, 그러다 발걸음 떼는 건 순간이었다. 그러구러 달린 길이 한나절이다.

한낮 오수에 젖어 졸고 있는 영주 무섬마을엔 껑쭝한 코스모스가 손님을 맞이하고 어느 집 문간밖에 나란히 세워져 있는 고무신들이 주인을 대신해 인사한다. 지나가는 바람조차 잠시 쉬고 있는가. 풍경들이 움직임이 없다. 고슬고슬한 햇살만이 알싸한 입김을 내 뿜으며 온몸에 안겨든다.

둑길에 벤치 하나가 강 저편의 풍경을 바라다볼 수 있는 곳에 자리하고 있다. 살짝 걸터앉아 눈 돌려보니 멀찍이 가느다란 다리가 강폭을 가르고 있다. 부드럽게 휘어진 곡선이 아름다운 선율처럼 울림으로 다가온다. TV 화면 속 주인공들처럼 건너보고 싶었던 외나무다리.

흠모하던 임을 만나러 가듯 마음 설레며 걸음을 옮겼다. 가까이 다가갈수록 다리의 윤곽이 선명해지는데 곧게 뻗어 있는 것이 아니고 살짝 구부러진 곡선으로 아름다움을 발휘했다. 커다란 원을 도는 것처럼 원심력이 작용했을까. 자꾸 뒤뚱거린다. 처음엔 좌우 어느 한쪽으로 힘이 쏠리지 않도록 팔을 들어올려야 했다. 팔 동작이 우스꽝스러울 거란 생각은 잠시였다. 한발 한발 디딜 때마다 외나무다리 속, 아니 순간순간 바뀌던 드라마 화면 속 장면에 동화되었다.

어쩌면 팔 동작보다도 누군가를 닮아보려는 마음이 더 우스꽝스러웠으리라. 하지만 때론 그런 마음이 약이 되는 때가 있었다. 감히 넘볼 수 없는 곳을 넘나들어 보는 상상만으로도 충분히 즐거울 수 있었고 그러다가도 너무 넘치지 않고 넘어지지 않게 균형을 잡으려 애쓰는 내 안의 어떤 힘이 다시 본연의 자세를 되찾아 주곤 했다.

맞은편에서 다가오는 사람과의 눈싸움이 벌어졌다. 다리의 폭은 딱 한 사람의 발 너비 정도여서 자칫 균형을 잃으면 물속으로 텀벙 빠질 것 같다. 누군가는 비켜주어야 하는 길이다. 누군들 뒤돌아서고 싶을까. 그렇다고 무턱대고 상대를 밀어붙일 수도 없는 일 아니던가. 막막함이 밀려오는 순간 군데군데 비켜설 수 있는 작은 자리가 보였다. 그 자리에 잠시 서서 상대편이 지나가기를 기다리면 되는 일이다.

그러는 동안 나는 잠시 세상을 둘러볼 기회가 생기지 않았던가. 잠시의 여유는 주의의 아름다움을 좀 더 자세하게 들여다볼 수 있게 해 주었다. 나와 비켜 지나가는 사람들의 표정에서 또 다른 삶의 여정을 엿볼 수 있었고 더러는 친근한 미소를 나눌 수도 있었다. 고속도로처럼 오고 가는 길이 따로 널찍하게 나 있었다면 이런 여유를 느껴 볼 수 있었을까.

허리춤도 못 올라오는 낮은 외나무다리에서 강물의 속살을 훔쳐본다. 티끌 하나 섞이는 것도 허용하지 않을 것 같은 맑은 물은 그야말로 명경이다. 환히 내려다보이는 물속에는 또 다른 흐름이 겹쳐있다. 물살을 타고 떠내려가다 멈추고 다시 떠내려가는 모래알들. 서두르지도 거칠지도 않는 느긋한 물살이 보래사막 바람처럼 모래알을 나른다. 은빛 햇살의 놀이터를 만들고 마을을 휘돌아 나와 모래섬을 만든다.

거대한 산을 이룬 사막의 모래만이 아름다운 모습은 아니었다. 이 작은 강줄기 속에서 흘러가다 무늬를 새겨놓은 모래 또한 그 어느 것과도 바꿀 수 없는 아름다움이었다. 만들어졌다가 부서지고 또다시 만들어지는 무늬들. 수없이 많은 무늬이지만 아마도 똑같은 것은 없으리라.

어떤 모양이든 뭐라고 표현을 해도 부족할 아름다운 모습이지만 모래 스스로 의지로써 만들어지기는 어려운 일일 것이다. 그저 흘러가는 물살에 맡겨진 형체, 그야말로 자연 그대로의 모습 아니던가. 어쩌면 우리 인간의 모습도 이러하리라. 각기 다른 삶으로 연결된 인간이라는 무늬는 그 누가 더 우수하고 못난 것이 아닌, 나름대로 개성을 지닌 품격이며 거부할 수 없는 대자연에 속한 하나의 물체에 불과할 뿐일 것이다.

마을과 마을을 이어주는 외나무다리는 그저 아무렇게나 놓인 평범한 다리는 아니었다. 잠시 지나가는 나그네의 눈요깃감이나 그저 물을 건너가야 하는 정도로 이용되는 것처럼 보일 수 있지만 인간의 삶의 여정이 오롯이 배어 있었다. 휘돌아가는 부분에서 균형 잡힌 삶의 방식을 되새겨보고 좁은 부분에서 쉬어가는 참 맛을 즐겨보았으며 낮은 부분에서 각기 다른 인생의 무늬를 살펴보았다.

느릿느릿 서두르지 않는 마음으로 걸어본 외나무다리 위에서 왠지 모를 편안함이 느껴졌다. 이제 누구와 아옹다옹할 마음도 없고 앞장서고 싶은 욕심도 없는, 그래서 나태해져 버린 듯한 무기력감 때문에 다소 불편했던 마음에서 해방되는 기분이었다. 모든 것 다 내려놓고 서 있는 기분이랄까.

어쩌면 진즉부터 화면 속 풍경이 나를 불렀던 것 같다. 저 다리는 세월의 흐름을 역류할 수 없음을 알고 있으면서도 거부하려고 드는 내 내면의 혼란을 알고 있었던 것일까. 그래서 나를 불러들여 살아가는 순리를 보여 준 것인지도 모르겠다.

살다

'살다'

제목부터 광범위하다. '205×596cm. oil on canvas. 2018', 전시관 한 벽면을 거의 차지하는 거창한 작품이다. 남성들의 나체들이 마치 엉킨 실타래처럼 뒤엉켜있다. 단체 군무(群舞) 같기도 하고 치열한 경쟁 속에서 살아남기 위한 몸부림 같기도 했다.

그런데 특이한 것은 하나같이 얼굴 앞면이 보이지 않았다. 머리 윗면과 측면만 그려졌을 뿐 그 많은 사람 중에 똑바로 볼 수 있는 앞면 얼굴이 없었다. 왜 그렇게 그려졌는지 아무리 생각해 보아도 그 의미를 알아낼 수가 없어서 조심스레 작가에게 질문하였다. 작가는 잠시 머뭇거렸다. 굳이 설명해야만 이해를 할 수 있겠느냐는 의미 같아서 질문이 부끄러워질 무렵

무겁게 입을 열었다.

얼굴 말고 또 보이는 것은 없느냐고 되묻는 순간, 뭐지? 하는 의구심은 나의 뇌를 빠르게 움직이게 하는 것이 아니라 느린 동작으로 거의 정지 상태에 머물게 했다. 그림에 대한 무지가 탄로 나는구나 싶어 화끈 달아오르는 표정을 가까스로 숨기고 태연한 척 그림에만 눈을 두었다.

"우리의 인체 중 자신의 마음을 가장 잘 숨길 수 있는 부분이 얼굴이라면 숨김없이 나타나는 부분이 등입니다. 저는 가식으로 덮여있는 얼굴은 숨기고 통째로 들여다보이는 등을 통해 인간의 본질을 말하고 싶었습니다."

그러고 보니 대부분이 등이 보이는 그림이었다. 왜 나체로 그려졌는지가 이해가 갔다. 등의 모습을 그려내기 위한 것이었다. 옷이라는 거적을 벗어버린 등. 다시 새로운 감각을 곤두세우고 그림을 들여다보았다. 단단한 근육질과 굵지한 뼈대들이 살아 움직이는 듯한 느낌으로 살아났다.

작가는 왜 등에서 인간의 진실성을 가장 강하게 느낀 것일까. 하긴 평범한 사람들의 감성으로는 보지 못하는 부분을 찾아내는 것이 예술가들의 능력일 것이다. '탈피'라는 주제가 무엇을 의미하는지 깊은 호흡을 들이쉬며 몰두해 보았지만 눈감고 더듬거리는 듯한 우둔한 감각만 오락가락할 뿐이었다.

가만가만 생각 주머니를 열어보면서 등에서 느끼는 감정들을 떠올려 보았다. 나의 작품 중에서도 등에 관한 글이 몇 편 있었다. '등으로 우는 남자', '부처님 앞에서 흐느끼듯 숨어 울고 나가는 남자의 등' 등. 그들의 등은 그야말로 처절하리만치 애달파 보였다. 아무렇지 않은 척 얘기는 하면서도 뒤돌아 나가던 그 뒷모습이 어찌나 마음 아팠던지. 그 아픔에도 얼굴은 애써 웃는 척하지 않았던가. 그때의 장면이 떠올려지자 작가의 의중이 조금은 이해가 갔다. 왜 그렇게 얼굴을 보여주지 않고 등만 보여주는 것인지를.

얽히고설킨 나체의 등들 속에서 뿜어져 나오는 열기가 화실을 가득 메웠다. 생존경쟁에서 살아남기 위한 처절한 몸짓 같고 빠져나오고 싶어도 엉킨 팔다리를 풀지 못해서 어쩌지 못하는 망연자실한 자세인 것 같았다, 그런 모습에서 뿜어져 나오는 화기가 나를 덮치는 것 같아 가슴이 답답해져 갔다.

그들의 등이 말하는 듯했다. 지겨운 경쟁 속에서 탈출하고 싶다고, 자신만이 누릴 수 있는 여유로움을 갖고 싶다고, 제대로 사는 것처럼 살고 싶다고…. 그런 아우성이 내 내면으로 스며들어와 더는 머물러 있을 수 없었다.

그곳을 탈출하고 싶었다. 그런 그림을 더는 눈여겨볼 마음의 여지가 없었다. 그런데도 다리는 움직이지 않았다. 아니, 그 그림 속에 나도 함께 뒤섞여 있는 것 같아 도저히 빠져나갈 수 없는 기분이 들었다.

"평화로움과 안정감이 느껴지지 않나요?"

생소한 작가의 말에 잠시 정신이 멍해졌다. 몇 마디 주고받는 사이 내 생각이 다른 방향으로 가는 듯한 느낌을 받은 작가가 넌지시 본질을 일러준다. 그러고 보니 이번 전시회의 주제가 '안착과 탈피에 대한 꿈'이라 했지 싶다. '마음의 흔들림 없이 착실하게 자리를 잡았거나 어떤 처지에서 완전히 벗어난' 그런 그림이라는 것인가. 아니, 그런 것을 꿈꾸는 그림이라는 건가.

우리는 언제나 안정된 삶을 원한다. 치열한 경쟁, 고독한 칩거, 수다스러운 너스레, 묵묵한 침묵 등등의 다양한 몸부림은 뭔가를 향한 갈망이고 열망이리라. 그런 속에서 찾고 싶은 것이 바로 희망이고 그것이 우리의 궁극적인 목표 도달점일 수가 있는 것이리라. 온갖 형태로 뒤엉킨 장면은 그런 희망, 평화와 안정을 얻기 위한 과정의 인간 심리라는 것일까.

그야말로 나와는 먼 나라의 분위기 같은 화실을 나오면서 나는 언제쯤 그런 경지의 눈으로 세상을 볼 수 있을까 하는 생각이 든다. 푹푹 찌는 혹염의 열기가 한 번 더 뜨겁게 내 몸을 감싼다. 그 사이를 슬쩍 지나가는 바람 한 줄기의 시원함이 참으로 감미롭다.

그래! 산다는 것은, 뜨거운 열기 때문에 가볍게 지나가는 바람결이 고맙게 느껴지듯 처절한 고통 속에서 싹트는 작은 희망이 더욱 가치가 있는 것이리라. 아름다운 것이리라.

냉기를 밀어내며

병원 문을 밀치고 들어가는 순간 뭔가 다른 분위기가 감돌았다. 복작거릴 줄 알았던 로비는 그저 조용하기만 해서 썰렁하게 느껴졌다. 간호사의 안내로 치료실 의자에 누웠다.

조용한 분위기가 오히려 낯설어서 간호사의 설명을 들으면서도 병원을 잘못 왔나 하는 의구심이 들었다. 이처럼 손님이 없다는 것은 의사의 실력이 부족해서일까 하는 마음에서다. 하지만 이미 시작된 일 아닌가. 그냥 하라는 대로 맡기는 수밖에 없는 노릇이다.

마취도 하지 않고 치석 제거에 들어갔다. 다른 곳에서는 '마취를 해야 한다, 한 번에 못 하니까 여러 번 나누어서 해야 한다, 사진을 찍어봐야 한다.' 하던데 아무런 설명도 없이 기계를 입안에 집어넣고 시작이다. 드르륵드르륵하는 음이 싫기도 하고 가끔 시큰거리는 것으로 인해 나도 몰래 얼굴이 찡그려졌다. 그럴 때마다 손에 힘이 들어가며 주먹이 쥐어졌다.

그렇게 얼마를 하다 잠깐 쉬는 듯한 분위기다. 얼굴에 수건이 덮여 있어서 무슨 상황인지는 모르겠지만 수런대는 느낌으로 보아 치료하는 사람이 바뀌는 듯하다. 발걸음이 요란하거나 무슨 이야기를 해서가 아니라 슬쩍 지나치는 옷자락 소리에서 느껴졌다.

곧이어 다시 기계 돌아가는 소리가 들리면서 내 얼굴에 다른 손길이 느껴졌다. 순간, 따뜻했다. 따뜻하다고 느끼는 순간 긴장했던 온몸의 근육이 스르르 풀리는 듯했다. 그저 내 입 주위를 오가는 짧은 동선이었지만 그 따뜻함은 온몸으로 퍼져나갔다. 편안해지기 시작했다. 그러다 보니 기계 와 닿는 느낌이 불편하고 꺼림칙하던 것이 조금은 나아졌다. 처음에 느꼈던 병원에 대한 이미지도 긍정적으로 바뀌었다. 손님들을 끌어들이기 위해 지나친 친절을 베푼다거나 더 큰 이익을 위해 필요 이상으로 시간을 끄는 그런 의료행위들은 전혀 없는 순수한 병원일 거란 생각이 들었다. 따뜻한 것이 이런 것이구나 싶다.

사람의 체온이 이렇게 다를 수가 있을까. 다른 사람의 체온이 따뜻하게 느껴진다는 것은 반대로 내 체온이 차갑다는 이치다. 그러고 보니 내 몸은 늘 차가운 쪽이었다. 다른 사람들보다 차가워서 겨울엔 내 손발이 닿으면 깜짝 놀라는 사람도 있다.

어디 체온뿐이던가. 인상이 차갑다는 소리도 자주 들었다. 어느 땐 말 붙이기 어려운 정도라고도 했다. 마음까지도 차가웠는지 가까이 지내는 사람이 그리 많지 않다. 무슨 이유인지 처음엔 좀 가까운 것 같았다가도 얼마쯤 시간이 지나면 맨숭맨숭해진다.

그랬다. 누구를 알기 시작할 때부터 나는 늘 부담감을 느꼈다. 처음엔 그 사람에 대한 예의를 차리면서도 마음 한구석에서는 나도 모르게 자꾸 뒷걸음질 치곤 했다. 그런 마음으로 사람을 대하다 보니 나에게 친절을 베풀던 사람들도 서서히 거리감이 생긴다. 그런데 그런 것들에 대해 나 스스로 별로 아쉬워하지도, 서운해하지도 않는다는 것이 문제다. 어느 땐 이런 내 마음을 숨기기 위해 일부러 이런저런 수다를 떠는 때도 있다. 그러나 그것은 그리 오래 가지 못하는 편이다.

아마도 내 체온이 다른 사람에 비해 낮은 것은 이런 내 마음 때문일지도 모른다. 다른 사람을 품지 못하는 마음. 거의 평생을 그렇게 살아왔으니 말해 무엇하랴. 그런데 이런 점을 고쳐 보려고 하지 않는다는 것이 더 문제다. 변명 같지만 안 되는 걸 어쩌느냐고 억지 부리며 산다.

세상을 바라보는 눈도 마찬가지이리라. 따뜻한 눈길로 바라본 세상은 모든 것이 따뜻하게 보일 것이다. 내 눈이 삐딱하게 틀어지면 보이는 풍경 또한 삐딱하게만 보일 터이니 거친 세상을 탓하기보다는 그렇게 보이는 내 눈을 탓해야 하지 않을까.

이런 일들이 모두 내 안에서 일어나는 것을, 어찌 나는 내 안에 냉기만 품고 살고 있는지 모를 일이다.

이런저런 생각으로 시간 가는 줄 모르고 끝이 났다. 기계 소리가 끝나고 다시 사람이 바뀌는 듯하다. 처음에 준비해 주던 간호사가 와서 끝맺음하며 다 끝냈음을 알려준다. 얼굴에서 수건이 벗겨지고 눈앞의 사물이 보이는 순간 잠깐의 평화로웠던 감정이 다시 일상으로 돌아왔다.

따뜻한 온기 속에서 느꼈던 마음의 평화가 금세 어디로 갔을까. 그리 길지 않은 시간이었건만 왠지 아주 다른 공간 속에서 긴 시간 머물다 온 느낌이다. 그 손길의 주인공이 누구인지는 모르지만 따뜻한 온기만큼은 분명 내 몸속 어딘가에 저장되어 있을 듯싶다. 그 사람이 누구인지는 굳이 알고 싶지 않다. 그러나 그 온기만큼은 그대로 간직하고 싶다. 누군가에게 평화로움을 전해 줄 수 있는 근본적인 힘으로 남아 내 안에 똬리를 틀고 앉아 있는 냉기를 밀어내 주었으면 좋겠다.

병원 문을 나서는 내 등 뒤로 햇살이 내려앉는다. 유난히 등이 따뜻하다. 따뜻함을 더 많이 받아내고 싶어 되도록 천천히 발걸음을 뗀다. 한걸음, 한걸음, 발걸음을 뗄 때마다 내 안의 냉기를 밀어내며…….

유산여독서遊山如讀書

청명한 날씨가 자꾸만 손짓한다. 서늘해진 바람이며 한들거리는 들풀들이 내뿜는 가을 냄새를 이기지 못하고 배낭을 짊어졌다.

자주는 아니지만 가끔 산을 찾아서 마음을 정화시키곤 한다. 빨리 걷지 못하고 거북이걸음처럼 느린 걸음으로 다녀도 가고 싶은 곳은 어디든 간다. 멀고 가까운 것이나 빠르고 느린 것이 문제가 아니라 마음먹기 달렸다는 것을 실감하면서 나이 들어가는 것 같다.

덕유산 종주를 계획하고 2번째 나선 길이다. 지난번은 원추리 군락지를 찾아 먼 길을 걸었고 이번엔 그때의 나머지 구간을 걷는다. 여름 덕유산은 물안개 듬뿍 낀 자욱한 산길이었고 초가을 덕유산은 해맑은 하늘길이다. 긴 길을 걸으면서 땅보다 하늘을 더 많이 올려다보았으니 하늘에 길이 있는 듯했다.

눈이 부실 정도로 산뜻한 햇살은 내딛는 발끝마다 부딪히는 돌멩이 끝에서 불꽃이 튕길 듯하다. 숲속 작은 공터에 옹기종기 모여 있는 따사로운 햇볕 속에서는 나른함에 터덕거리고 오락가락하는 구름으로 인해 순간마다 바뀌는 산봉우리들의 풍경을 넋 놓고 바라보다가 발을 헛디디기도 했다. 길게 꼬리를 내린 산오이풀의 보랏빛 색상이 역광으로 비치는 햇살을 받아 더없이 요염하게 느껴지고 바위틈 사이에서 간신히 고개를 든 구절초도 어느새 가을빛을 가득 품었다.

남덕유산에 도착해서 영각사 쪽으로 발길을 돌리니 정말 멋진 풍경이 눈길을 사로잡는다. 우뚝 솟은 바위와 그 위를 올라갈 수 있는 계단들이 멀리서도 보인다. 어쩌면 자연을 훼손한 일인데도 왜인지 이번엔 아름답게만 보인다. 나도 이제 속물이 되어가나 싶다. 그 계단을 올라갈 일이 설레기까지 한다. 저곳을 보기 위해 왔던가 싶다. 한발 한발 가까이 가면서 내려다보는 주위 풍경이 아찔하다. 계단의 경사가 급해서 잘못하면 낭떠러지로 곤두박질칠 것 같다. 대피소 떠나올 때 직원이 조심하라고 신신당부하던 말이 그냥 하는 소리는 아니었구나 싶다.

철계단을 내려가면서 아찔한 순간을 경험했다. 경사가 너무 급해 스틱을 쓰지 못하고 양쪽 난간을 잡고 내려가야만 하는데 들고 가던 스틱이 오히려 불편했다. 난간을 한쪽만 잡고 한 손으로 스틱 두 개를 들고 가자니 자꾸 걸리적거린다. 속으로 하나만 있으면 괜찮은데 두 개라서 더 불편하다고 생각하는 순간, 스틱 하나가 손에서 쑥 빠져나가면서 철계단을 미끄러져 내려간다. 그 스틱을 잡으려다 하마터면 앞으로 꼬꾸라질 뻔했다. 가슴이 철렁했다. 결국 그 스틱은 때굴때굴 굴러 맨 아래 난간에 간신히 걸쳤다. 자칫 계단 공간 사이로 빠져나가 버렸으면 내려가서 주워 올 수도 없는 상황이어서 잃어버릴 뻔했다. 천만다행으로 다시 손에 넣을 수 있었지만 그 순간 스틱에도 듣는 귀가 있다는 생각이 들었다.

'그래, 세상에 존재하는 모든 것들은 모두 귀가 열려있구나.' 그러니 누구한테든, 아니 세상 어떤 사실 앞에서도 결코 헛된 생각을 품지 말아야 할 일이다. 문득 간밤에 묵었던 삿갓재 대피소 앞에 붙어있는 문구 한 줄이 떠올랐다.

'유산여독서遊山如讀書', 산에서 노는 것은 독서를 하는 것과 같다는 뜻이런가. 산을 가까이하면 무엇인가 얻는 것이 있다는 의미 같다. 어쩌면 이번 산행에서는 모든 사물에는 귀가 있음을 느끼게 해준 산행이었다. 하기야 예전부터 식물들에 좋은 음악을 들려주면 더욱 잘 자라고 얼음도 더 곱게 언다는 설이 있기는 했었다. 그렇지만 아무런 변화가 없는 광물에도 그런 일들이 일어날까 싶었다. 그래서인지 그 순간에 일어났던 일이 그냥 아무렇지 않게 넘어가지 않는다. 섬광처럼 스치는 생각이 바로 '열린 귀'였다. 아니 더 정확히 말하면 '느끼는 귀'라고 해야 할까. 모든 사물 앞에서는 말만이 아니라 생각까지도 조심해야 할 일이라는 생각이 머릿속에서 뱅뱅거렸다.

그동안 살아오면서 겉 다르고 속 다른 행동을 하지 않았을까. 그러면서도 누가 알지 못하는 일이니 생각하는 것만큼은 아무렇지 않게 살았는지도 모르겠다. 이제 내 마음에도 경계를 해야 할 듯싶다. 곱게 늙어야 한다는 말은 몸가짐만을 말하는 것이 아니라 마음가짐도 말하는 것이리라. 산행을 한 보람이 있다. 산속에서 또 다른 산을 보듯, 삶 속에서 또 다른 삶을 찾아낼 수 있었으니.

여러 계단들을 어렵게 내려가고 나니 그때부터는 너덜길이다. 그야말로 정리가 안 된, 마치 홍수에 휩쓸려 내려왔을 법한 돌들이 끝없이 이어지는 바람에 무척 힘이 들었다. 처음엔 길을 잘못 들었나 했는데 간간이 이정표가 있는 것을 보니 길이 맞긴 했지만 어둠이 내려앉을 무렵엔 점점 걱정이 되었다. 발길은 돌에 치여 계속 터덕거리지, 날은 점점 어두워져 가지, 무슨 소리만 들려도 등줄기가 섬뜩해서 같이 가던 친구와도 아무 말도 못 하고 발걸음만 떼었다. 다행히 어렴풋하게나마 달빛이 있어 길을 찾아 내려올 수 있었다.

영각사 탐방소를 지나고 나서야 마음이 안정되었다. 길도 넓어지고 걷기 편해져서 그때부터는 달과 반딧불을 벗 삼아 주차장까지 낭만을 즐기며 걸었다. 우리들의 콧노래가 조용한 밤길에 여울져 퍼져나갔다.

달빛이 내 그림자를 붙들고 늘어지며 더 놀다 가라고 응석을 부린다.

행복지수

저 멀리 수평선이 보이는 바다 같은 톤레삽 호수, 바다도 아닌 것이 바다처럼 파도를 친다. 넘실대는 물결 따라 모든 것이 다 움직인다. 집도 사람도 물건도 하늘까지도 출렁이는 풍경이다. 어지러울법한데 어지럽지 않은, 아니 어지럽다고 생각해서는 안 되는 풍경들이 골목골목에 가득하다.

있을 것은 다 있다. 학교, 유치원, 결혼식장, 철물점, 교회, 닭, 개, 돼지, 악어 양식장까지 골고루 다 갖춘 마을이다. 하지만 엉성하기 짝이 없는 그들의 환경에 자꾸 웃음이 나온다. 어느 것 하나 부족함이 없는 것처럼 유유자적한 사람들의 생활상이 오히려 생소하게 느껴질 정도다.

학교에 가는 일도, 시장에 가는 일도, 나무토막 몇 개로 만들어진 도구면 된다. 그들은 그냥 물 위를 걸어 다니는 것 같은 느낌이다. 물이 누런 황톳물이라서 그럴까. 나중에는 출렁이는 물결은 보이지 않고 그냥 땅으로 보였다.

집 앞에 놓인 화분에서는 꽃이 곱게 피었다. 흔들리며 피는 꽃이라 했던가. 그야말로 싹이 터서부터 흔들리기 시작했으니 흔들림 자체를 모르고 자란 꽃이리라. 그런 꽃이 흔들림의 의미를 알까. 당하고 있는 고통이 고통이란 걸 전혀 모르고 사는 세상이다.

철물점에서 불꽃들이 튕긴다. 저런 작업은 정말 정밀해야 할 것 같은데 흔들거리면서 생기는 오차는 어찌 처리하는 것일까. 그런 것마저도 흔들림과는 전혀 상관없이 살아가는 생활이 참으로 기이하다.

한 소녀가 큼직한 양푼을 타고 앉아 노를 저어 나간다. 아주 익숙한 몸짓이어서 물과 양푼과 소녀의 몸이 한 덩어리다. 물이란 것이 전혀 거추장스럽지 않은, 그저 공기와 같은 존재로 보인다. 편안히 숨을 쉬듯, 활기차게 땅을 걸어가듯 전혀 불편함이 없는 움직임이다.

식사 준비하는 아낙네가 누런 황톳물로 쌀을 씻어서 그릇 속에 담는다. 그리고는 그 황톳물을 그냥 떠 붓고 불 위에 올려놓는다. 바로 그 옆에 비닐로 칸막이해 놓은 것이 변소, 그것도 밑이 터져서 그냥 물에 떨어지는 구조란다. 기절할 법한 상황에 할 말이 없다.

그런 곳에서 아이들이 해맑게 웃는다. 아무것도 모른다는 아이들뿐만 아니라 한평생을 살아온 노인들의 눈가에도 흐뭇한 웃음이 가득하다. 부족해도 부족한 줄 모르고 더러워도 더러운 줄 모르는 사람들. 저들에게는 저 누렇고 출렁이는 물이 바로 명경지수로 여겨지는가 보다.

환하게 웃는 그들 앞에서 이맛살을 찡그리다가 돌아 나온 시간이 얼마였을까. 맨발로 살아가는 그들의 발바닥보다 더 더러운 신발을 신줏단지 모시듯 탈탈 털고 행여 그 황톳물이 묻을까 봐 껑쭝 뭍으로 뛰어올랐다.

그들의 행복지수가 세계 5위 안에 든단다. 순간, 황톳물 속에서 거들먹거렸던 나의 존재감이 맥없이 나뒹굴어지는 것 같았다. 그들 앞에서 우월한 존재라고 생각하며 이마에 획을 긋고 바라보았던 나. 나는 어찌하여 저들의 명경지수가 끝내 거친 황톳물로만 보이는가. 나의 행복지수는 얼마인가.

콜로라도의 달 밝은 밤

그저 짜인 일정에 따라 움직일 수밖에 없는 여행이어서 어디인지도 모른 채 도착한 곳은 어느 강가에 우뚝 선 호텔이었다. 호텔 로비로 들어가려는데 "Colorado River"라는 팻말에 화살표가 그려져 있다. 낮에 경비행기에서 보았던 그 긴 행렬의 강이라는 것을 알았다. 피곤해서 비실거리던 몸이 한순간에 화들짝 깨어났다.

숙소에 짐들을 팽개치듯 던져놓고 강가로 내려갔다. 그야말로 '콜로라도의 달 밝은 밤'이였나. 말로만 들었던 콜로라도 강의 달밤 속을 걸을 수 있다니. 얼마나 가슴 설레는 일이던가. 반짝이는 물결이 아니었으면 난 그날이 보름날이었는지도 몰랐을 것이다. 노래 가사 속에서나 있을 법한 풍경을 볼 수 있다는 행복감이 잠자고 있던 감성을 깨워 들뜨게 했다.

둥실 떠 있는 달 밑으로 강 건너 건물 불빛들이 강폭의 거리감을 짐작하게 했다. 어둠에 가려 잘 보이지 않는 강물은 달빛을 품고 출렁일 때마다 어렴풋이나마 그 존재를 드러냈고 흐르는 물소리는 깊은 바닥으로 가라앉았다가 다시 치고 올라오는 웅장한 진동이 배어있었다. 시간이 흐를수록 수십억 년을 흘렀다는 강의 저력이 느껴졌다.

사실 거대한 그랜드캐니언 속에서 보았던 강줄기는 그저 아름답기만 한 긴 끈이었다. 저 가는 물줄기가 어떻게 저리도 거대한 협곡을 만들어 놓았을까 하는 의구심 때문에 강같이 보이지도 않았다. 풍문으로 들었던 전설 같은 것들은 어디에다 숨어 있는지 찾을 수가 없어서 아쉬운 눈길을 감추지 못했다.

강을 가까이 접하고 나서야 그 웅장하고 거대한 협곡의 물결 굽이들이 되살아났다. 어마어마한 협곡의 잔주름에 새겨진 역사의 흔적을 짐작할 수 있었다. 어디서부터 흘러온 물일까. 얼마나 긴 길을 굽이굽이 돌고 스치고 할퀴고 쓸어가며 도달한 길일까. 경비행기 속에서는 한 가닥 실처럼 보였던 강물의 실체가 서서히 느껴지기 시작했다.

역사의 흔적, 결코 숨길 수 없는 것들은 아무리 시간이 흘러도 후대에 전해지는 법이다. 그저 흘러가 버리는 물줄기이겠지만 끊임없이 이어지는 것처럼 인류의 역사도 그렇게 이어졌으리라. 강의 어느 한 부분을 잘라낼 수 없듯이 버리고 싶고 감추고 싶은 것들을 제거할 수는 없을 것이다.

서부 전역을 가로지르는 콜로라도의 강물 속에 묻혀있는 사연 중 가장 아픈 일이라면 인디언들의 사연 아닐까. 물속에 담근 손끝으로 그들의 피맺힌 절규가 스멀스멀 기어 올라오는 듯했다. 백인들에게 경종을 울렸다는 어느 추장의 연설문이 떠오른다.

“나의 동족들에게는 이 땅의 그 어느 한 자락도 신성하지 않은 곳이 없습니다. 슬프기도, 행복하기도 했던 갖가지 사건들이 모든 언덕과 강, 평원과 숲을 신성하게 만들었습니다. 조용한 해변을 따라서 뜨거운 햇볕을 견디며 말도 없이 앉아 있는 죽은 것 같은 바위들조차도 우리 동족의 애환이 얽힌 감동적인 사건들을 떠올리게 해 줍니다. 당신들이 지금 딛고 서 있는 흙조차도 당신들의 발걸음보다는 우리 조상들의 발걸음에 더 정겹게 반응합니다. 그 흙은 우리 조상들이 흘린 피로 기름지게 되었기에 우리의 맨발은 그 흙의 정감 어린 손길을 알아차릴 수 있습니다. 당신네 도시의 거리와 마을들이 고요하여 적막하다고 생각되는 밤에도, 한때 그곳을 가득하게 채웠고 아직도 그 아름다운 땅을 사랑하는 영혼들로 붐빌 것입니다. 백인들은 나의 동족들을 정의롭고 친절하게 대해 주십시오. 죽은 사람들이라고 힘이 없는 것은 아닙니다. 죽음이라고 말했습니까? 죽음이란 없습니다. 다만 변할 뿐입니다.”

그들에게는 전설이 있다 한다. 지금은 비록 땅도, 말도, 정신적인 혼까지도 다 빼앗기고 그림자처럼 살고 있지만 언젠가는 백인들의 끝없는 욕심으로 지구는 망할 것이고 그때 다시 서서히 일어날 것이라는.

그런 날을 기다리는 조각 하나가 만들어지고 있단다. 미국 마운트 러시모어에는 미국을 대표하는 4분의 대통령(조지 워싱턴, 토머스 제퍼슨, 에이브러험 링컨, 루스벨트) 초상화가 새겨져 있는데 그곳에서 그리 멀지 않은 곳에 인디언 추장 '크레이지 호스' 조각상을 만들고 있다. 자신들의 영역을 지키려고 처절하게 싸우다 전사한 인디언 전설적 영웅인데 그 크기가 대통령의 조각상들보다 10배나 크다고 하니 그 위력을 알만하다.

얼굴 하나만 완성하는데 무려 54년, 말을 타고 초원을 달리는 모습을 완성하려면 얼마나 긴 시간이 필요할까. 그 어느 단체나 기관으로부터도 도움을 받지 않고 오로지 관광객들로부터 생긴 수입만으로 작업하고 있다니 그들의 강인한 정신력 또한 대단하다.

정말 그들이 믿고 있는 전설이 이루어질까. 그래서 다시 평화롭게 살아가는 인류가 될까. 어쩌면 가능성 없는 기약일지라도 미래를 향한 그런 꿈이 있기에 바르게 살아야 할 이유가 성립되는 것이리라.

끝없이 이어지는 푸른 초원을 보니 저 멀리서 그들이 말을 타고 달려 나올 것 같다. 그들은 과연 야만인이었을까. 비록 문명을 모르는 사람들이었지만 자연을 아끼고 사랑할 줄 알았던 참 인간이었지 싶다. 필요한 만큼만 사냥하고 배부르기를 원하지 않았던 그들이야말로 자연인이었다.

가끔, 기계적으로 살아가는 것이 버거울 때가 있다. 모든 것을 기계에 의지하고 기계에 지배를 당하고 있다는 생각이 든다. 그러면서도 그 유혹을 떨치지 못하고 있다. 아니, 그 속에 들어가지 못하면 세상에서 뒤떨어지기나 하는 것처럼 기를 쓰고 덤벼든다. 이왕 그럴 바엔 그런 것들을 즐기기라도 하면 좋으련만 늘 마음 한구석에선 뒷걸음을 친다.

그런 굴레에 얽매이지 않고 그저 자유롭게 살고 싶다는 생각에 마음속으론 모든 일에 손사래를 친다. 그리고는 산으로 들로 쏘다니기를 좋아한다. 그러고 보면 나도 저 인디언 적인 기질이 있는 것일까. 인디언들에게도 우리와 같은 몽고점이 있다는데 어쩌면 같은 혈족인지도 모르겠다. 그렇다면 저 거대한 조각상이 이루어지는 날에 평화의 날이 온다는 전설을 믿어 볼까 보다.

전 세계를 지휘하는 선두의 나라 미국에서 무엇인가 커다란 것을 얻을 거로 생각했다. 하지만 호화로운 도시에서 출렁거리는 환상의 빛보다는 끝없이 펼쳐지는 평화로운 초원과 고요한 사막과 유유히 흐르는 유서 깊은 콜로라도의 강물 빛이 더욱 마음을 끌었다. 긴 여정의 여독은 점점 풀려 가는데 달빛이 어우러진 강물 속으로 덤벙 뛰어든 마음은 아직 건져내지 못하고 있다.

기억을 줍다

무대가 내려다보이는 곳에서 내 눈길을 끄는 것은 시시각각으로 변하는 화려한 조명 빛을 받는 배우의 성근 머리칼이었다.

배우의 목소리는 각각 다른 감정의 기복에 따라 성근 머리칼 사이로 보이는 살결을 채색했다. 박력 있는 목소리일 때는 땀방울을 밀어 올려서 자르르한 윤기를 내기도 하고 떨리는 음성일 때는 파르르한 핏줄이 돋는 듯하기도 했다. 달콤한 크림 같은 말이 무대의 분위기를 아련하게 휘감아 돌 때는 미끄러질 듯 아슬아슬한 빛이 퍼진다. 그러다 다 뱉지 못하는 침묵으로 무대가 잠시 숨을 멈추고 있을 때는 그 살빛에서 울컥한 감정이 배어 나왔다. 공연 내내 삶의 온갖 흔적들이 고스란히 내게 옮겨오면서 왠지 모를 깊은 울림이 마음 안으로 파고들었다.

성근 머리칼은 나이가 들어가는 과정이고 상징이기도 하다. 물론 유전적인 요소가 아닌 신체의 변화에서 생기는 자연적인 과정을 전제로 하는 말이다. 그 외에도 주름이나 몸놀림에서도 나타나는 현상이지만 나는 유독 머리카락이 성근 모습에서 나이 들었음을 느낀다.

또한 나이가 들어가는 것과 가장 밀접한 것이 기억력 아닐까. 나이와 기억력이 평행선을 이루듯 날이 갈수록 기억력이 감퇴해 가는 것이 어쩔 수 없음을 느낀다. 나 역시 그 굴레에서 벗어나지 못하는 듯싶다. 그래서인지 요즘 들어 기억력과 관계된 영화나 이야기들을 새겨 보게 된다.

오래전에 보았던 〈5일의 마중〉이라는 중국 영화는 참으로 감명 깊었다. 문화대혁명으로 감옥살이하는 남편과 그 아내의 이야기이다. 20년이 넘도록 보지 못한 남편을 기다리는 아내는 생활고에 시달리다 기억상실증에 걸린다. 그 와중에도 예전의 남편만을 손꼽아 기다리지만 막상 돌아온 남편을 알아보지 못한다. 남편은 온갖 정성으로 아내의 기억을 되돌려 보려고 하지만 모두 허사이다. 아내는 남편이 보낸 편지에 '5일에는 돌아갈 것'이라는 내용을 기억하고 매달 5일에 역으로 마중을 간다. 이웃집 아저씨인 양 그 곁을 지켜주고 살펴주는 남편도 함께 간다. 옆에 있는 사람이 그토록 기다리는 남편인 줄을 모르고 목이 빠지게 기다리는 여인과 자기 자신을 기다리는 남자의 모습이 너무나 가슴 아프게 남아 있는 장면이었다.

어느 간병사의 이야기도 있다. 우연히 간병을 맡은 환자가 첫사랑이었다. 맺어지지는 못했지만 살면서 마음 한구석에 희미한 밑그림으로 남아 있었던 사람이다. 지금 이루고 있는 가정은 다복하고 평온한 삶이어서 어떤 일이 있어도 그 가정을 지키고 자신의 본분을 지킬 줄 아는 올곧은 여인이다. 그래서 상대가 자신을 알아보지 못하는 것을 다행으로 여기고 오로지 간병인과 환자의 관계를 유지했다. 온갖 정성을 다하여 그의 마지막을 지켜주고 싶어 했다. 마음속으로는 수없이 많은 이야기를 나누고 그 마음이 상대에게 전해져 다시 예전의 건강한 모습이 되어주길 빌고 또 빌었다.

두 이야기의 공통점은, 서로 주고받을 수 있는 마음들은 아니었지만 그 끈끈한 정이 참 아름답게 느껴진 사연이었다. 세상에 애정 이야기만큼 아름다운 이야기가 어디 있을까. 하지만 상대와 통하지 못하는 정은 시린 아픔이다.

서로 통하지 못하는 마음에 쌓이는 정의 깊이를 어느 것으로 재어 볼 수 있을까. 물이 보이지 않는 우물 속으로 내려보내는 두레박줄이 끝없이 풀리는 깊이다. 그래도 언젠가는 한 줌 물을 퍼 올릴 수 있으리라는 기대로 살아갈 것이다. 비록 너무 깊이 내려가서 올라오는 동안 다 흘려버리고 다시 빈 두레박이 될지언정 그렇게라도 한 번쯤 교감을 나눌 수만 있다면 하고 바라는 것이 통하지 못하는 애정이리라.

무대 위의 배우를 보면서 또 다른 인물을 만난다. 주름살과 성근 머리칼이 말해주는, 실로 오랜만에 만난 눈빛은 잊힌 세월이었다. 긴 세월 동안 묻어 두었던 침묵에서 뚝 떨어진 물방울 하나. 배우 떠난 무대의 허공을 훑으며 누군가의 눈빛에서 사라진 기억을 찾아 줍는다.

3부

달빛 길어올리기

한옥마을 고샅에는 농익은 달빛이 쌓여있다. 돌담과 돌담 사이, 지붕과 지붕 사이를 건너 어느 집 마당 구석구석까지 넘치도록 그득하다. 창가에 옹기종기 모여 노는 달빛이 창문에 그림을 그리면 잠 못 이루고 뒤척이던 아낙네가 살며시 미닫이문을 연다. 달빛은 어느새 우르르 밀려 들어와 제자리가 정해져 있는 양 순식간에 자리를 잡는다. 아낙네의 시린 눈 속까지 깊숙이 들어와 앉는다.

거동이 힘든 아내에게 달을 보여주려고 대야에 달을 담아오는 사내의 얼굴에도 달빛이 흥건하다. 대야 속의 물결 따라 이지러지던 달이 서서히 온전해지면 잠시 일렁이던 달빛도 잠잠해진다. 적막강산이다. 이 고요함 속을 흐르는 달빛에 할 일이 주어진다. 영화는 이렇게 시작된다.

멍들고 구겨진 세상살이 속에도 진품을 간직하고 싶은 집념이 도사리고 있다. 전주 사고에 보관된 '조선왕조실록'을 복원하기 위한 한지 만들기 숙원 사업이 된 곳 전주, 영화는 그 전주의 거리를 카메라에 담았다. 한옥마을을 담고 돌담을 담고 달빛을 담았다.

진정한 명품이 사라진 세상에서 명품을 그리워하는 장인은 오염된 세상을 탓하며 날마다 술에 취한다. 불손한 세상에서 어떻게 명품이 나오기를 바라느냐는 그의 말속엔 뼛속까지 녹아내리는 한이 서렸다. 명품을 만들고 싶어 하는 장인과 명품으로 태어나고 싶은 한지가 서로 먼 거리에서 마음만 애탄다. 환한 달빛만이 그 비밀을 알고 있다는 듯 넌지시 암시를 한다. 마음으로 달빛을 안아 보라고. 마음 깊숙이 품었다가 한가득 길어 올려보라고.

술잔에 녹아든 달을 마시기를 얼마였을까. 비로소 장인의 마음에 담겼던 달빛이 서서히 품어 나오기 시작한다. 불빛 하나 없이 오로지 순수한 달빛 속에서 한지를 뜬다. 은은하면서도 온화하고 질기면서도 부드러운 달빛이 한지 결 속에 스며들어야 한다. 물속에 어린 달빛을 취해 만든 한지여야만 그 위에 인생을 펼칠 수 있는 것이다. 천년의 세월을 이어나갈 만한 그런 종이 한 장을 만들기 위해 계곡 물소리와 스님의 기도와 달빛이 어우러진 심심산천 깊은 곳에서 향연을 벌이고 있다.

장인은 불을 밝히지 않아도 닥섬유질이 손등에 와 닿는 느낌으로 물질을 한다. 앞에서 떠서 뒤로, 뒤에서 떠서 앞으로, 오른쪽에서 떠서 왼쪽으로, 왼쪽에서 떠서 오른쪽으로 넘긴다. 이런 물질을 몇 차례 하느냐에 따라 종이의 두께와 질이 결정된다.

두께가 두껍다고 좋은 것이 아니다. 여러 번의 물질로 이루어졌어도 한 겹인 것처럼 얇고 가벼워야 한다. 먹물을 받아들일 적엔 그 먹물이 기교를 부리게 하지도 않으며 한 치의 허점도 감추지 못하는 진실을 그려내야 한다. 붓을 잡은 손에 주어지는 힘의 정도와 붓의 흐름이 끊어질 듯하다가 이어주는 맥이 선연히 그려져야 한다.

그렇게 만들기 위해 삶고 두드리고 거르고 물질하는 과정의 작업은 고난도이다. 그래서 한지를 백지라고도 한다. 흰백白이 아닌 일백 백百이라고 하지 않는가. 한지 한 장을 뜨는 데 백 번의 땀과 정성이 든다는 의미이다. 그것이 바로 한지의 생명이다.

어떤 물체에 생명을 불어넣는 일은 가히 신의 영역에 가깝다. 인간의 능력을 초월한 사람에게 주어진, 마치 신들린 것처럼 일하는 사람만이 가질 수 있는 명칭이 바로 장인 아니겠는가. 그런 장인의 모습이 경건하게 길어 올린 달빛으로 만들어진 한지 위에 함께 어우러진다. 이 장면이 영화의 백미이지 싶다.

한지 결 같은 삶을 동경한다. 소박하지만 진실하고 허점이 많아 보이지만 내면이 충실한 사람으로 살아가는 길을 찾는다. 그러면서도 훤히 보이는 길은 애써 외면하고 있는지도 모른다. 단 몇 번의 물질도 힘겨워하고 있는 자신에게 '더 얇게, 더 질기게, 더 소박하게'라는 단어로 최면을 걸어본다.

장인의 물질을 흉내 낸다. 감정을 걸러내는 물질이다. 취하고 버려야 할 것들을 조심스럽게 거르는 것이다. 흉내 낸다고 되는 것은 아니리라. 잘 못 걸러진 티끌 하나가 큰 옹이를 만들고 담아두어야 하는 것들을 그냥 흘려버릴 수도 있다. 비록 그런 시행착오를 거치는 데 불과하다 해도 흉내 내보는 것만으로도 충분히 가치 있는 삶이 되지 않을까.

매화를 찾아서

매화는 섬진강이 있어 더 희게 빛났다. 환한 매화 사이로 보이는 강물과 굽이쳐 흐르는 물의 곡선 따라 펼쳐진 모래밭은 어떤 오물도 허용치 않을 것 같아 매화의 깨끗함을 더욱 돋보이게 했다. 매화의 청순함과 강물의 정겨움, 그리고 모래의 정결함은 어떤 붓으로도 그려내기 어려운 멋진 어울림이었다.

섬진마을의 매화를 처음 찾아 나서던 때는 참 멀고도 먼 길이었다. 하루에 버스를 왕복 8번을 갈아타고 다녀온 길이었다. 거리가 멀어서가 아니라 버스 길이 번거로워서 긴 여행이었던 날, 매화밭에 들어서는 순간 아찔하도록 짙은 향기에 코끝이 싸했다. 터벅터벅 산등성이를 올라가는 동안 얼마나 황홀했던가. 어렵게 찾아간 길이었기에 더욱 깊은 맛이었다. 이제 한 번에 쉽게 갈 수 있는 지금은 그때만큼의 감동이 아님이 애석

하지만 그래도 해마다 그 꽃길을 외면할 수가 없다. 내게 있어 봄은 그곳을 다녀온 후에야 찾아오는 것 같으니 어찌 이 봄나들이를 빠뜨릴 수가 있으랴.

해가 갈수록 많아지는 사람들과 부딪치는 것을 피해 산등성 하나를 넘었다. 사람의 눈길을 피해 숨은 듯이 핀 꽃들은 윤기가 더욱 자르르했고 초록 풀잎의 배경이 꽃잎 색을 더욱 선명하게 살려냈다. 환한 햇살을 품은 백옥 같은 백매화의 청순함과 창호지에 스며드는 달빛 같은 청매화의 우아함이 옷깃을 여미게 했다. 그 속에선 어떤 경우에도 흐트러진 모습을 보일 수 없을 것 같다. 먼 길 찾아온 반가움마저 밀쳐내는 듯한 그 자태에 왠지 모를 싸한 아릿함이 밀려왔다. 그래도 간간이 분홍빛 매화가 섞여 있어 조금 위안이 되었을까.

긴 섬진강 따라 산자락에 끝없이 이어진 꽃길. 모든 동네가 온통 하얀 구름에 덮인 듯하다. 어떤 골목을 들어서든 그곳에서 빠져나오는 길을 찾기 어려울 만큼 골짜기 깊숙이까지 빽빽이 들어차 있는 매화꽃의 향기는 어디로 다 흡수되는지 알 수가 없다.

암향暗香이라 했던가. 고요한 정적 속에서 기도하는 마음이 되어야만 제대로 느낄 수 있다는 이 향은 바로 매화의 향을 두고 하는 말이다. 어느 때에 보느냐에 따라 그 이름이 달라지는 매화의 진가는 바로 이 향에 있다. 달빛 아래에서 보는 '월매', 눈 속에서 보는 '설매', 안개 속에서 보는 '연매'. 어느 것인들 자신의 향을 내 품는 데 부족함이 있으랴만 나는 왠지 은은한 달빛 아래에서 맡는 '월매' 향에 더 마음을 빼앗긴다. 달빛에 어려 있는 매화, '암향농월暗香籠月' 이야말로 매화향의 극치가 아니겠는가.

어쩌다 바람 불어 꽃잎이 날리는 날은 학의 몸짓을 닮아가며 승천하는 기분이다. 그곳에서 영화 '천년학'의 한 장면을 그려 낸 꽃비는 얼마나 아름답고 은은한 운치던가. 여인의 절개나 선비의 고고함을 상징하는 것으로만 인식되었던 매화가 그렇듯 소리와도 잘 어울린다는 사실을 처음 알았다. 가슴 밑바닥에서 품어 나오는 한마디 한마디가 나풀나풀 날아다니는 꽃잎과 어우러져 허공을 맴돌았다. 그러다 떨어져 내린 꽃잎이 물가에 멈출 땐 그 숙연함에 가슴이 뭉클했다. 영화를 보던 날 이미 지나가 버린 계절을 쫓아 꽃비 내리는 흔적을 찾아 나섰던 일이 있다.

이제 등걸만 남아 껍질이 온통 부스럼같이 되어버린 늙은 구루에서는 몇 안 되는 꽃송이가 힘겹게 눈을 떴다. 그 고풍스러운 모습에 유난히 눈길이 간다. 굽어진 가지 사이로 스치고 지나간 바람이 얼마였을까. 터진 등살 틈새엔 숨은 눈물이 어려 있다. 어쩌면 그런 상처가 있었기에 옹이가 되고 무늬가 되어 깊은 운치와 멋을 간직하게 되었으리라.

사람에게도 저 매화 등걸에 박힌 옹이 같은 것이 있다. 운명이라고 이름 짓기는 너무 무겁고 그저 스쳐 지나가는 한 줄기

바람이라고 하기엔 애석한 일들. 그런 것들로 인해 몸과 마음이 휘청거리며 살아야 하는 때가 있다. 그러면서도 다행히 그런 아픔들을 승화시켜 다른 것을 얻게 된 계기가 되었다면 그것도 보석이 될 수 있지 않을까. 보석이 있어 간간이 꺼내 보고 싶다면 결코 실패한 삶은 아닐 것이다.

한 옴큼씩 먹어야 하는 약에 진저리를 쳐야 했고 얼마일지도 모르는 날들을 사람들과 격리되어 지낸다는 것이 죽기보다 싫은 일이어서 마음은 온통 뒤틀려있었다. 사람을 보는 것도 누구에게 보이는 것도 싫어서 늘 혼자였다. 틈만 나면 길 건너 저수지에서 너울대는 물빛을 향해 달려갔다. 주의의 한적함이 위안이 되기도 했지만 때론 적막감에 숨 막힐 것 같은 날도 있었다. 그럴 땐 수면에 돌을 던져 파문을 일으키는 장난을 치곤 했는데 첨벙거리는 소리의 여운과 물 위의 파뮤이 잠시 잠자는 의식을 깨웠다. 그런 날엔 친구들의 밝은 얼굴이 넘실대는 교실이 그리워서 끝내 울음을 터트리고 말았다. 등 뒤에 쌓이는 햇살 무게만큼의 눈물을 쏟아내고 풀잎에 스치는 바람소리 같은 한숨으로 마무리를 하고 나면 가슴은 참으로 아리고 헛헛했다. 그 봄, 산자락에 자리한 매화꽃은 왜 그리 화사하던지. 하얀 꽃잎 사이로 보이는 물빛은 내 아픈 가슴만큼이나 파랬다. 그 뒤에 오는 고적한 마음은 점 하나 찍히지 않은 하얀 백지였다. 그 어떤 것하고도 바꾸고 싶지 않을 만큼 차분하고 편안한 마음이 되어 집으로 돌아왔다.

매화꽃 사이로 보이는 강물에서 내 소녀 시절의 아린 향수를 느낀다. 누구에게도 보이고 싶지 않았던, 세상 물이 들기도 전에 맛보았던 쓰린 고독과 그 뒤의 평온한 고적감. 때론 그런 순수한 감정이 되고 싶을 때가 있다. 이제 적당히 포장된 웃음을 웃을 줄도 알고 특별히 부족함이 없는 마음이건만 그 고적한 날들의 마음이 그리워지는 까닭은 무엇일까. 봄이 되면 나는 그런 마음을 찾아 섬진강의 매화를 찾는다.

달덩이

둥실둥실한 달덩이 하나 품었다. 언젯적 잃어버렸던 것이던가. 다시 돌아온 뽀얀 달덩이가 방실방실 웃는 모습에 넋을 잃는다. 달콤한 살냄새, 시큼한 젖 냄새가 코끝을 간질이고 카랑한 울음소리가 묵직한 집안 공기를 팔랑팔랑 휘젓는다.

볼과 볼 틈새로 젖 냄새와 할미 냄새가 비벼져서 특유한 향이 된 것일까. 내 볼에 반지르한 윤기가 흐른단다. 누군가가 내 볼에서 소싯적 윤기를 보았다면 나는 내 품속의 달덩이에서 소싯적 내 어린것들의 냄새를 맡고 있다. 오목조목한 윤곽에서 희미한 기억들이 솟아난다. 한 줌 물이던 것이 한 바가지 꿀물이 되고 한 동이 젖이 되어 앞자락이 흥건히 젖는다. 젖은 옷자락 사이로 손가락이 꼬물거린다.

손녀딸의 고사리 같은 손가락에서 내 어린것들의 손가락 감촉이 전해온다. 물컹거리는 항수를 지그시 깨물어 본다. 힘껏 깨물지 못하고 남는 힘이 온몸에 짜릿한 쾌감을 일으키며 근육을 팽팽하게 만든다. 고만한 시기에 찍었던 제 아비 사진을 놓고 닮은 점만을 꼭꼭 찍어내며 껄껄거리는 남편의 눈빛도 팽팽하던 옛 시절의 표정이다.

시어머님의 손길도 당신 아들의 어린 모습을 더듬거린다. 아기의 발뒤꿈치를 만지작거리며 초석 위에서 발뒤꿈치 벗겨지며 울도록 보살피지 못했던 한을 넌지시 풀어놓는다. 화려하고 고급스러운 아기용품 앞에서 별천지 구경하듯 눈만 껌벅거린다. 우윳빛 살결과 거북이 살갗 같은 손등 사이의 거리가 한 세기에 가깝다. 참으로 길고도 짧은 끈이다.

옹알이하는 달덩이 앞에서 나도 같이 옹알이하는 달이 된다. 아이는 무궁무진한 얘기를 끝없이 쏟아내건만 나는 제대로 파악도 못 하면서 그저 아는 체를 한다. 매일 아는 체 하느라 한 말을 또 하고 또 하며 겨우 아이와 입맞춤한다. 60년 가깝게 살면서 배운 말이 이제 겨우 100여 일을 산 아이의 말에 감당을 못하지 싶다.

등에 밀착된 살집의 뭉클거림, 제 입에 닿기만 하면 무조건 빨아대는 간질거림이 피부 깊숙이 파고든다. 그 감촉이 좋아 아기의 엉덩이를 받친 팔을 꽉 조였다 풀었다 하며 거울 속에서 업은 아이와 눈 맞춤을 해본다. 한참을 어리둥절하다가 입을 함박만 하게 벌려 웃는 얼굴에서 내 모습을 찾아보지만 나를 닮은 곳이라곤 없는 것 같다. 왠지 서운해서 수시로 거울 앞을 서성대다가 기어코 하나 찾았다. 쫑긋 선 귀가 닮았다. 평소에 불만스러웠던 내 귀였건만 손녀의 귀는 그저 귀엽다. 그러고 보니 내 귀도 덤으로 괜찮아 보인다.

잠자는 모습을 보고 있노라면 쌕쌕거리는 숨소리가 미세한 떨림으로 내 가슴에 살포시 들어와 앉는다. 떨림은 거미줄 망처럼 연결된 핏줄을 따라 내 온몸을 휘돌아서 영혼에까지 파문을 일으키며 나를 제 몸속으로 끌어들인다. 아이의 몸속을 드나들며 유영하다 보면 거뭇하게 녹슬기 시작하던 마음이 서서히 걸러진다. 어느덧 내가 아이를 닮아 간다.

내 주위가 온통 아기와의 눈 맞춤 높이로 보인다. 고만고만한 아이들에게서 훗날 손녀의 모습을 상상하며 혼자 히죽거리고 이미 장성한 아들들을 소싯적 아이들로 여기는 말투가 그렇다. 묘한 반응이 뒤통수를 간질이고 한바탕 웃음이 긴 끈으로 연결되어 이리저리 번진다.

막 엎어지려고 안간힘을 쓰는 아이를 향해 응원이 한창이다. 아이는 힘겹게 용을 쓰다 도로 제자리로 돌아가 버리며 우는데 머리 맞대고 앉은 어른들은 그저 환한 웃음이다. 얄궂은 심사들이 모인 4대의 함성이 창밖으로 치닫는다.

진한 핏줄로 엮인 강강술래, 그 속에 달덩이 하나 둥실둥실 살이 찐다.

한여름 풍경

햇살이 부서져 내리는 길일까. 산사 처마 끝에 이어진 하늘이 부챗살처럼 갈라졌다. 이글거리는 땡볕이 숨통을 조인다. 바람조차 그늘 찾아 숨었는지 풍경도 잠이 들고 푹푹 삶아져 내린 햇살이 내려앉은 자리엔 온갖 소리들도 삶아져 맥을 추지 못한다. 그런 고요 속에서 귀청을 간질이는 수런거림이 느껴진다. 잔디밭에서 개미의 발걸음 소리가 들리는 듯하다. 빨래줄에 앉은 잠자리 숨소리도 들렸던가. 절 마당 한 귀퉁이에 자리한 능소화 몇 송이가 소곤대는 소리인지도 모른다.

능소화는 어쩌자고 저리도 고운 자태를 한여름 햇살에 내맡기는가. 임금의 단 한 번 사랑으로 끝난 궁녀 소화의 한이 꽃으로 환했다는 능소화. 어떤 고통을 이기기 위해서는 그 고통보도다 더 절박한 상황에 처할 때 삭혀 낼 수가 있는 것이다.

그래서 능소화는 이글거리는 한여름 땡볕 속에서 피어나는 것이리라. 천연덕스럽게 환한 미소를 머금고. 그 환한 미소에 현혹되지 말일이다. 자신의 미모는 자신이 사랑하는 사람에게만 관심을 끌기 위한 몸짓이니 결코 함부로 건드리지 말라고 독을 품었다던가. 꽃가루가 눈에 들어가면 실명의 위기에 처할 수도 있단다.

땀방울이 뚝뚝 떨어져 내릴 것 같은 능소화 꽃잎 언저리에 벌 한 마리가 찾아 왔다. 다리엔 이미 다른 곳에서 따온 꽃가루가 노랗게 묻어 있다. 척 내려앉는 폼이 내 존재는 전혀 개의치 않는 몸짓이다. 잠시 머뭇거리는 모습은 아마도 이 꽃에서 뭔가 담아 갈 것이 있는지 탐색하는 모양이다. 독이 들었다는 꽃이 벌에게는 무의미한 것일까. 다른 벌레는 범접하지 못하지만 벌만큼은 자유로울 수 있는 이유를 먼 전설 속에서 뒤적여 본다. 먼 곳에 있는 임에게 향기를 전해달라고 부탁하는 것인가.

넓은 꽃잎이 마치 커다란 양산처럼 햇살을 막아 준다. 꽃잎 뒤에서 비치는 햇살, 한번 걸러진 햇살이 아주 맑게 벌의 날개 위에 비친다. 어느 무대의 조명이 저리도 고울까. 나는 객석의 관객이 되어 벌의 유희를 즐긴다.

벌은 다양한 몸짓으로 유희를 한다. 팬터마임 극이라고 하는 표현이 더 정확할까. 주로 궁둥이를 하늘로 쳐들고 있다.

반질반질하고 오동통한 게 만지면 촉감이 좋을 것 같다. 가만히 손을 뻗치다가 손끝으로 전해 오는 통증에 잠시 주춤거려진다. 벌에 쏘인 경험이 되살아 난 것이다. 그러자 갑자기 툭 튕겨 굴밤을 먹여 보고 싶어진다. 엄지와 중지를 맞붙여 모은다. 입을 앙다물며 힘을 밀어내려는 손가락과 한여름 위력을 과시하려는 햇살과의 교차점에서 불꽃이 튀긴다. 가만가만 다가가건만 벌은 그저 조용히 저 할일만 하고 있다.

상대가 방어 자세도 되어 있지 않는데 덤빌 수는 없는 노릇이다. 오로지 일속에 묻힌 저 열정을 향해 무엇을 노리는가. 내 손동작은 그만 그 자리에서 멈춰 선 채 부동자세가 되고 만다. 그러고 보면 내가 팬터마임을 하고 있는 것이 아닌가. 저 작은 벌에게조차 아무 의미가 없는 나야말로 관객 하나 없는 무대 위에서 이 무슨 객쩍은 짓인가. 무안한 마음에 가슴이 콩닥거린다. 고요하고 적막한 공간속에서 내 마음 홀로 소란스럽다. 살면서 혼자 헛짓하는 것이 어찌 이뿐이던가.

살짝 지나가는 구름 그림자가 잠시 한더위를 밀쳐내자 여기저기서 숨통 트이는 소리가 들린다. 매미가 한바탕 울어대고 그 소리에 놀란 풍경이 화들짝 깨어나 댕강거린다. 잠자리 몇 마리가 바지랑대 사이에서 술래잡기를 하며 멈춘 공기의 흐름을 휘젓고 낮잠 자던 강아지도 살며시 꼬리를 쳐든다. 이들의 위세에 밀린 햇살이 조금 자리를 비켜나면서 담장 아래에 그늘을 드리우자 음지와 양지 속에 두 얼굴을 한 봉숭아가 매니큐어 칠해진 내 손톱을 흘끔거린다.

누군가가 내 길고 진한 손톱을 보고 속이 몹시 허하거나 뜨거울 거라는 소리를 했을 때 양쪽을 다 품고 싶었다. 그러나 온 몸이 비틀거리도록 허하거나 신열이 나도록 뜨거움을 맛보아도 뒤에 남는 건 객쩍은 몸짓이었을 뿐이었다. 그렇게 다 헛짓이었다. 저 능소화 같은 애절함도 벌처럼 충실한 열정도 아닌 그저 헛짓이 꿈틀거리는 여름. 그런 나의 무상無常한 여름이 산사 한 귀퉁이에서 푹푹 익어가고 있다.

여우의 변

가끔 혼자 산행을 하는 때가 있다. 주로 복잡한 감정을 정리하고 싶을 때이다. 가까운 산일 때도 있고 먼 산일 때도 있다. 감정의 기복이 크게 차이가 날수록 산의 깊이가 깊어진다. 옷에서 물이 흐를 정도로 땀을 흘리고 다리가 휘청거릴 정도로 걷고 나면 마음이 정갈해지는 그 맛을 모르는 사람은 이런 나를 의아해한다.

'여자 혼자서'라는 단서가 망설이게 하는 요인이 되긴 하지만 자연을 감상하고 즐기는 마음을 여자 혼자라고 망설이고 못할 것이 있겠는가. 내가 남자이고 싶을 때가 있다면 혼자 여행하고 싶은 것 때문이라고 말하고 싶을 정도로 혼자 여행하는 걸 좋아한다.

어느 봄날, 지리산 세석의 철쭉향기 속에 묻혀 보고 싶은 마음을 누르지 못해 혼자 산길에 올랐다. 전문적인 등산복 차림이 아닌 그저 평범한 옷차림에 허름한 등산화가 오히려 사람들 눈에 뜨였던 것일까. 지나치면서 염려해주는 마음들이 살가웠다. 그러나 그들의 염려와는 달리 자연이 주는 즐거움에 빠져 흥겨워지는 마음은 어디에도 비교할 수가 없었다.

그런데 그렇게 자신만만하게 산을 오르면서도 몸이 도사려지는 때가 있었다. 사람들이 많을 때나 혼자 가는 사람을 만날 때보다는 두세 명이 함께 지나치는 남자들을 보게 되면 나도 모르게 몸이 움츠러들었다. 그럴 때는 내가 여자임을 어쩔 수가 없다.

앞에서 남자 두 사람이 담소를 나누며 내려오고 있었다. 순간 가슴이 철렁했다. 이 나이에 무슨 당치않은 걱정(?)인가 싶으면서도 긴장이 되었다. 얼굴 근육까지 굳어져 있었던 것일까. 내 얼굴을 쳐다보던 남자분이 조심스럽게 말을 걸었다.

"아주머니 무서우세요?"

"예~~, 사람이 제일 무서워요."

"우리도 산에 혼자 다니는 여자 보면 무섭습니다."

"왜요?"

"꼬리 아홉 개 달린 여우같아서요."

졸지에 여우가 되어 버렸지만 한바탕 웃음으로 긴장을 풀었다. 내가 누군가에게 무섭게 보이는 존재이기도 하구나. 꼬리가 아직 8개밖에 되지 않으니 걱정하지 말라고 안심시켜줄 걸 그랬다 싶다. 그 뒤로 종종 나는 꼬리 8개 달린 여우라고 생각을 하곤 한다.

아직 9개를 채우지 못했으니 누군가를 해할 능력이 없어 죄를 짓지는 않을 것이고 8개나 달려 있으니 세상이 겁날 건 없지 않은가. '얌전'이라는 내 이미지가 조금은 바뀌 질 테니까 그것도 흔쾌한 일이고 남몰래 내 안에 날카로운 손톱을 키우고 있다는 사실도 통쾌할 일이다.

그러니 세상일에 너무 주눅이 들지 않아도 좋을 일이다. 부당한 일을 당했을 땐 언제든 날카롭게 대응할 준비가 되어 있으니 걱정할 일 없을 테고 좀 부족하고 모자라더라도 부끄럽게 살지만 않으면 될 일이다. 보기엔 못나 보여도 떳떳하고 당당하게 살아도 되는 일이다.

내가 여우여도 좋은 이유가 여기에 있다.

꽃을 꽂으며

꽃집 문을 밀치고 들어서면 늘비한 꽃의 색상만큼이나 각기 다른 향기가 코끝을 자극한다. 살며시 눈을 감고 향부터 음미한다. 그런 다음 한 바퀴 돌아보면서 어떤 꽃을 어떤 소재와 꽂을까를 구상한다.

잘 맞추어진 꽃들을 안고 가는 길은 구불구불한 고갯길이다. 그 고갯길 너머에 있는 절에 다닌 지가 어언 20여 년이다. 그 세월 동안 나는 다른 행사에는 거의 참여하지 않고 오로지 꽃꽂이만을 해 왔다.

조용한 산사 법당에서 목탁소리와 풍경소리가 내 꽃가위 소리와 어우러지는 날엔 그 무엇과도 바꾸고 싶지 않은 나만의 세상이 된다. 자르고 다듬어서 꽃과 꽃이 선을 이루고 색이 아우러지면 그 시간만큼은 아무것도 생각나지 않는 무아지경에 빠진다. 세상 모든 것과 단절된 채 나 자신만을 위해 사는 듯한 마음이다. 다른 곳에서는 맛볼 수 없는 감정을 느낄 수 있는 이런 시간과 공간을 가질 수 있기에 내 삶은 윤기가 흐르는지도 모른다.

내가 이 절에서 꽃꽂이를 하게 된 것은 내 건강을 걱정하던 친구의 배려 때문이었다. 아무런 이유도 조건도 말하지 않고 가끔 나를 절에 데려가곤 했다. 갈 때마다 고적한 풍경에 마음이 끌려 툭하면 파닥이던 가슴이 진정되곤 했다. 조용한 분위기를 즐기다가 경내의 경건함이 조금 부담스러워질 무렵에 절 뒷마당을 돌아 산으로 올라가서 아래를 내려다보면 절 지붕 끝자락과 맞닿은 하늘이 참으로 맑고 고왔다.

그 산자락엔 꽃꽂이할 소재들이 많았다. 꽃이나 나뭇가지를 꺾어다 내 방에 꽂고 산사의 분위기를 이어 보고자 했다. 작은 풀꽃에서 절 내음을 맡고 파릇한 잎사귀의 움직임에서 풍경소리를 들으며 자꾸 까무러쳐 가는 심신을 곧추세우곤 했다. 그런데 어느 때부터 그런 내 행동이 왠지 죄스러웠다. 버리고 와야 할 곳에서 오히려 채워 오려고 한다는 생각이 나를 욕되게 하는 것 같았다.

후론 거꾸로 꽃을 사서 들고 갔다. 정성 들여 꽂고 나면 내 마음도 그 꽃을 보는 사람도 함께 즐거웠다. 눈으로 보는 즐거움이 공양의 의미를 돋보이게 했다. 공양 중에 꽃 공양이 제일이라는 이유로 사람들은 나에게 꽃 꽂기를 부추겼다. 법당에서 시작한 꽃꽂이는 나한전, 관음전, 극락전, 지장전으로 범위를 넓혀 갔고 꽃꽂이를 위한 성금이 점점 많아져 갔다. 그럴 때마다 신이 났다.

큰 행사 때에는 몇 날을 꽃과 씨름하며 파김치가 되도록 몰두했다. 그리고는 며칠씩 앓기도 했다. 그래도 마음만은 보람으로 충만했다. 그동안 배웠던 꽃꽂이를 이렇게 쓰이게 될 줄 몰랐다. 아니, 절에서 이런 일을 하기 위해 배우게 되었던 것일까 싶기도 했다.

나뭇가지를 들여다보면 살려야 할 선과 잘라야 할 선이 보인다. 어느 방향으로 어느 만큼을 살리고 자르느냐에 따라 작품의 윤곽이 다르다. 그 사이를 채워가며 꽂는 꽃 역시 아무렇게 꽂을 순 없다. 좋은 것만을 골라 쓸 수도 없을뿐더러 아깝다고 남는 것을 다 꽂을 수는 없다. 큰 꽃꽂이를 하던 작은 꽃꽂이를 하던 거기에 들어가야 하는 수량과 모양이 균형을 이루어야 한다. 꽃꽂이를 하는 데 있어 가장 중요한 작업이다.

구상하는 대로 자르다 보면 어느 것은 너무 아까운 것이 있다. 물론 꽃꽂이를 하기 위한 절화용이어서 마음껏 자르는 것에 제한을 받지 않는다지만 그래도 물을 빨아 올려가며 생을 이어가는 생명 아니던가. 그러기에 잘려 나가야 하는 것이 있을 땐 가위질이 망설여진다. 그러나 잘라 버려야 할 것은 과감히 잘라야만 작품이 나온다.

하나의 작품을 만들기 위해 잘라내야 할 것들로 진통을 앓듯, 내 삶이 이어지기 위해 버려야 할 것들을 놓고 마음을 앓을 때가 참 많았다. 꺾어지고 시들고 찢어져서 버려야 할 것들은 그래도 괜찮았다. 그러나 어떤 선을 살려야 하는 이유로 정말 멀쩡한 가지를 쳐 내야 했을 때처럼 나 자신 때문이 아니라 타인을 위해 버리고 살아야 하는 것들도 많았다. 누구를 위한 삶인지 회의를 느끼던 일이 어디 한두 번이었던가. 그런 일들이 내 삶의 곳곳에 딱딱한 옹이를 만들어 갔고 그 옹이들은 내 마음 깊숙이 어둠을 깔고 숨어 있다가 가끔 튀어나와 벌겋게 성을 내곤 했다.

작품으로 탈바꿈한 꽃과 탐, 진, 치貪,瞋,癡를 버리라는 목탁소리 속에서 지내다 오는 날엔 벌겋던 상처 색깔이 달라져 갔다. 잘려 나갔기에 작품으로 승화될 수 있었던 사실과 잘린 것에 대한 애착을 버려야 한다는 이치가 손끝에서 이루어져 가면서 소중한 물건인 것처럼 보듬고 있던 응어리들이 서서히 그 자취를 감추어 갔다.

마음을 다스릴 수 있었던 일이 있었기에 몸은 더불어 생기를 얻었고 그 세월이 20여 년 되는 동안 새롭게 거듭날 수 있었다. 내 생애 중 가장 활발하게 활동할 시기에 묶여 있어야만 했던 날들, 어쩌면 세상을 달리했을지도 모르는 그 시간을 잘 이어 나갔다. 난 그 세월을 덤으로 살았다고 생각하며 산다. 그러기에 좀 넘치는 일에는 곱으로 고마움을 느끼고 조금 모자라는 일에는 이것도 덤으로 산 덕분이지 싶다.

산사의 풍경소리와 목탁소리와 꽃꽃이. 화사한 봄날 마당에 내려앉는 햇살과 한여름 쏟아지는 소나기 소리, 나뭇잎 뒹구는 소슬한 가을 저녁나절의 고즈넉함과 뒷산 소나무가 꺾어지는 겨울 풍경들을 보고 들으며 꽃을 꽂는다. 그럴 때마다 나는 한 폭의 그림 속에 들어앉아 갖가지 꽃물에 흥건히 젖는다.

다랑이 마을

햇살이 참 맑았다. 바람은 더욱 싱그러웠고 다랑이 물결은 더없이 고왔다. 바다의 푸른빛이 그들을 돋보이게 밑받침하고 하루를 시작하는 고깃배들이 만들어 놓은 물길 따라 마을 소식이 업혀 나간다.

옹기종기 모여 있는 집들의 지붕 색이 화사하고 마을 정자 옆에는 벚꽃이 흐드러졌다. 그 위로 쏟아지는 햇살이 산뜻해서 눈이 부시건만 마을은 그저 고요하기만 하다. 동네 골목길 사이로 강아지 한 마리 어슬렁거리더니 어느 집으로 들어가 버리고 개나리가 휘늘어진 담장 너머도 봄기운이 나른하다. 그래도 마을 어귀 귀퉁이에 자리한 빨간 자동차 한 대가 마을에 활기를 넣어준다. 아마도 바닷가에 세워진 예쁜 펜션에 들어온 손님들의 기운이리라.

남해 다랑이 마을, 저 작은 마을은 언제 만들어지고 언젯적 사람들의 힘으로 이루어진 다랑이들일까. 한 평의 땅이라도 이용해서 식량을 얻으려고 했던 시절이라면 아마도 꽤 오래된 세월일 것 같다. 아버지의 아버지, 그렇게 대대로 이어져 내려온 삶의 터전이 지금은 누구의 손길에 식물이 자라고 있는지 궁금하다. 요즘엔 저 작은 다랑이에 만족할 젊은이들은 없으리라. 그보다도 자식들에게만은 구차한 생활을 물려주고 싶지 않은 부모의 마음이 더 도시를 향하게 하지 않았을까. 그래서 그 마을은 주로 나이 든 노인들의 생활터전이란다. 아니 이제 관광객들이 찾는 상품화 마을이 되어가고 있는지도 모른다.

나 역시 입소문에 이끌려 찾아갔다. 생각했던 대로 아기자기한 모습이 참 아름다운 곳이다. 하지만 농사를 짓기에는 무척 힘이 들 거라는 생각이 든다. 모든 농사가 기계화되어가는 요즈음 기계는커녕 괭이나 호미질하기도 복잡할 것 같은 느낌이다. 그래서일까 들녘의 풍성함보다는 집안의 텃밭 같은 아담함이 묻어난다. 마침 밭두렁에 퍼질러 앉아 일하고 있는 어느 노부부의 느릿한 몸짓이 정말 딱 어울리는 풍경이다.

전망대 아래로 인생지도 하나가 내려다보인다. 층층이 올라간 다랑이들이 각기 다른 모양으로 굽이친다. 그 높이와 넓이와 공간이 다르고 공기의 흐름이 다르고 햇볕의 양이 다르고 바람의 세기가 다르다. 그 속에서 자라는 색색의 농작물이 나이테 같은 결을 이루고 있다. 터벅터벅 딛고 올라온 세월의 잔주름이다.

아랫부분은 어린 꼬맹이들의 세상이다. 파도에 부딪혀 구르는 자갈에는 엎어지고 뒹굴며 까르르 웃어대는 소리가 섞여 있고 노란 유채꽃엔 티 없이 해맑은 표정이 어려 있다. 파릇한 마늘밭은 풋풋하고 맵싸한 청소년들의 세상이며 좀 널찍한 면적을 차지한 학교 운동장은 여유 만만한 장년들의 쉼터 같다. 다랑이 마을을 휘돌아 나가는 도로 끝머리의 벚꽃들은 노년의 흰머리로 그려졌을까.

세월의 잔주름 같은 다랑이 속에 내 안에 새겨진 잔주름도 함께 섞여 있음을 본다. 그곳엔 희로애락의 사연들이 수없이 줄줄 엮어져 있을 것이건만 그저 아름답게만 보이는 것은 바로 내 눈의 조화이리라. 아니 그렇게 보고 싶은 마음일까. 나는 지금 한 송이 수선화가 되어 있는지도 모르겠다. 될 수만 있다면 자신의 모습을 사랑하다 간 '나르키소스'로 환생해 보고 싶은 마음인 것이다.

그렇게도 오만하던 '나르키소스'는 자기 자신을 사랑하게 되면서부터 사랑의 의미를 깨닫게 되고 사랑의 힘을 느끼게 되지 않았던가. 한 때 세상을 오만과 질시와 오기로 대했던 내 생의 한구석에 이제라도 가슴으로 사랑하는 힘을 챙겨보고 싶다는 생각인지도 모르겠다.

그러기 위해선 자신 없고 못나 보이고 작게만 느껴졌던 나 자신을 좀 더 어르고 달래서 당당하고 떳떳한 모습으로 추켜세워 봐야 할 것 같다. 다른 사람에게는 후하게 대하면서도 나 자신에게는 유난히 엄격하고 고지식했던 성격이며 이상을 따라주지 못한 육체를 못마땅하게 생각했던 마음 등등. 이제 그런 내 모습을 너그러이 보아주고 진정으로 사랑해 보고 싶은 것이다. 그래야만 타인을 향한 사랑도 진정함이 묻어날 수 있지 않을까.

구불구불 펼쳐진 저 다랑이의 굴곡을 바라보며 아름다움을 느끼는 내 마음에 찬사를 보내고 싶다. 그것은 그동안 어떻게 살아왔던 간에 지금 이 자리까지 이어 온 내 삶에 아름다움이란 단어로 종결을 짓고 싶기 때문이리라.

주꾸미의 반란

일상에서의 탈출을 시도한 사람들 얼굴이 희희낙락하다. 요즘 한창인 주꾸미 철을 맞아 부안 나들이를 나선 것이다. 나이가 많건 적건 어딘가를 찾아 떠난다는 것은 즐거운 일이다. 몇 대의 차로 끼리끼리 나누어 탄 사람들의 모습은 마치 소풍 나온 유치원생들이다.

차창으로 들어오는 짭조름한 바닷바람이 코에 스며드는가 싶더니 어느새 격포항이다. 와르르 쏟아져 나오는 발걸음들을 잡는 호객이 더욱 구미를 당기게 한다. 하여 바다도 식후경이라며 식당부터 들렀다. 그곳에는 부안 분들이 먼저 와서 주인인 듯 우리를 반긴다. 이미 준비된 식탁 위엔 먹음직스런 음식이 즐비하다.

냄비에서는 육수가 끓고 있고 그 옆엔 아직 살아 꿈틀거리는 주꾸미가 접시 밖으로의 탈출을 시도한다. 나가 보았자 부처님 손바닥이다. 그런데도 필사적으로 빠져나가려는 몸부림이고 사람들의 눈엔 그것이 그저 구경거리다. 가만히 하는 꼴을 보고 있다가 간간이 저들을 다시 제자리에 옮겨 놓는다.

다리 빨판의 흡인력이 대단하다. 몸통을 잡고 들어 올리려면 좀처럼 떨어지지 않는다. 사진을 상하로 늘리는 것처럼 길게 늘어나면서도 발은 그릇에서 떨어지지 않고 오히려 접시가 들먹인다. 어쩌다 가만히 있는 동안엔 사람의 손길이 닿을 때마다 꿈쩍 놀라 힘껏 움츠러들었다가 서서히 원상태로 돌아오는 모습이 마치 영화 속 '터미네이터' 같다.

저들은 잠시 후면 사람의 먹이가 된다는 것을 알고 있을까. 그래서 이탈을 꿈꾸는 것일까. 하지만 그것을 알 수가 없으니 저들의 행동은 이탈이 아니라 자신이 있었던 본연의 자리를 찾고자 하는 갈망일 것이다.

다리에 힘을 주고 힘껏 밀어붙이면 한없이 넓은 공간으로 떠다니던 자유를 갈망하고 먹이사슬 속에서 서로 견제하면서도 공생하며 살았던 팽팽한 삶을 찾고 있는 것일 것이다. 어느 날 갑자기 덫에 걸려 자기의 의지와는 상관없이 뛰어든 세상에서 갈 길을 몰라 허둥대는 것이 저들에게 주어진 운명일까. 거부할 수도 받아들여지지도 않는 삶의 한순간이 되어 버렸다.

저들에게 잠시나마 남아 있는 시간은 참으로 짧고도 귀한 시간이다. 그러나 한 치 앞을 알 수 없는 저들은 삶의 끝임을 알지 못하리라. 다만 전처럼 자유롭지 못한 것에 대한 아쉬움을 온몸으로 품어내고 있을 뿐이다. 촉수를 곤두세우고 있다가 무언가가 몸체에 닿은 듯싶으면 반사적으로 반응을 보인다. 어떤 놈은 까만 먹물을 쏘아 댄다. 아주 당차고 야멸친 반란이다. 자신을 찾고자 하는 반란, 그것은 살아 있는 생명에 주어진 본능이리라.

종족을 번식시켜야 하는 본능. 새끼를 지키고 키워야 할 의무, 또 다른 가족을 부양해야만 하는 책임, 더 나은 생활을 위한 경제적 자립. 이런 울타리 안에 갇혀 우왕좌왕하는 우리 또한 어느 신의 손바닥 위에 놓여 있는 삶이다. 우리가 주꾸미의 앞일을 알고 있듯 우리 또한 신이 알고 있는 주어진 길을 가고 있는 것이다. 그 길이 어느 쪽인지 얼마만큼의 시간이 남아 있는지 알 수 없지만 그때를 맞이하는 순간까지는 최선을 다 해 살아가야 하는 생명이다.

이제 지나온 시간보다 남아 있는 시간이 얼마 되지 않는 나이다. 그동안 살아온 삶이 그리 어긋나지는 않았던 세월이다. 되돌아보면 마음 아픈 일도 많았지만 몇 가지 좋은 일에 그것들은 깊이 묻어 둘 수가 있었는지도 모른다. 그리고 이만하면 잘 살아온 세상이라고 생각하고 살아가는 나이이다.

그러나 앞으로 어떤 폭풍이 불어올지 모르는 일이다. 잘 되어간다고 믿었던 일이 어느 순간에 구멍이 날 수도 있을지 어찌 알겠는가. 설령 그렇더라도 나름대로 대처해 나가는 방법을 터득한 나이라고 자위해 보지만 그것이 마음대로 되는 일이 아니다. 객관적인 입장에 서 있을 땐 누구나 긍정적이고 너그러운 생각을 할 수 있지만 자신이 당하는 일 앞에선 이성을 잃기 쉽다. 어쩌면 이것이 인간의 가장 근본적인 인성인지도 모른다.

나 역시 언제나 하찮은 감정 앞에서도 우왕좌왕하는 인간이라는 사실 앞에서는 어쩔 도리가 없다. 어쩌면 지금 어느 막다른 골목에 들어와 있는지도 모르고 헛된 욕망과 절망과 질시와 미움으로 기운을 다 소진하고 있는 것은 아닐까. 요즘 주꾸미를 닮은 몸짓으로 어설픈 반란을 일으키며 갈 길을 찾아 더듬거린다.

주산지

산자락을 따라 걸어가는 발걸음이 담방거린다. 늘 마음속으로만 상상해 오던 풍경 속으로 이미 풍덩 빠져 버린 모양이다.

절에 들어가려면 울타리가 없어도 반드시 그 문을 통과해야만 하고 그 문은 물에 잠겨 있었던, 문 양옆으로 서 있는 왕버들은 허연 수염을 늘어뜨린 노인만큼이나 연륜이 있어 보여서 자신도 모르게 손이 모이는 경건함을 품고 있었던, 〈봄 여름 가을 겨울 그리고 봄〉이라는 영화 속의 풍경을 상상하며 내딛는 발걸음이었다.

꼭 영화만을 생각하며 찾고 싶었던 것은 아니다. 아련한 물안개 속에 잠겨 수면 위에 자신의 속내를 오롯이 비추고 서 있는 모습을 보고 싶었던 것이 더 우선이었는지도 모른다. 계절의 변화를 겪을 때마다 색다르게 덧칠된 풍경의 아름다움을 참 많이 동경했다. 그러기를 몇 년, 모처럼 찾아온 기회였기에 주산지에 대한 기대는 몇 겹의 날개옷을 입었다.

산굽이를 돌아 저수지 둑 언저리에 다다를 즈음까지 산세의 풍경이 아름다워서 상상외의 그림일 수도 있을 것이라는 생각은 전혀 들지 않았다. 그만큼 그곳의 풍경은 머릿속에 그려진 대로만 있으리라 생각했다. 그러다 저수지 입구에 들어서는 순간, 펄럭이던 날개가 스스르 내려앉고 말았다. 물이 가득한 저수지가 아니라 물결 모양의 줄띠가 그려진 메마른 땅이 면적의 반을 차지하고 있는 저수지였다. 전국적으로 최악의 가뭄이라는 사실이 그때서야 머릿속에 기어들어 와 모든 것을 헝클어뜨렸다.

헝클어진 머릿속을 따라 내려온 신경 줄이 어지럼증을 일으켰는지 발걸음에 맥이 빠진다. 수면에 멋진 가지의 그림자를 비춰 보이는 나무는 아무리 휘둘러보아도 없다. 오랜 세월을 살았던 흔적, 갖은 풍파를 비켜가며 이리저리 굽어져 아름다운 곡선으로 살아남은 가지들만 물 위에 곱게 드러나 있지 않았던가. 그 모습을 보고 있노라면 내 심중의 무거운 짐 중 어느 가지를 잘라내고 어느 가지를 살려내야 할지를 알 수 있을 것 같았었다. 나무의 밑동이 보이지 않는 것처럼 시작점이 무엇이고 원인이 무엇인지를 구태여 말하지 않아도 내려다보는 수면 거울 앞에서 가지치기를 하며 정리가 될 것 같았다.

그런데 삭고 부러진 가지와 물 자국 자리가 허옇게 그려진

나무 밑동이 그대로 드러나 있는 버드나무라니! 그동안 물속에서 어떤 일들이 있었기에 그 많은 잔뿌리가 얼키설키 얽히고 뭉개져 저리 흉한 모습일까. 안타깝고 보기에 뭐해서 고개를 돌려버리고 말았다. 허탈해진 마음이 부러진 날개에 얹혀 끝없는 낭떠러지로 곤두박질쳤다.

왜 그렇게 허탈했던 것일까. 모든 생물은 다 생사고락을 겪는다는 사실을 뒤로한 채 항상 아름다운 모습으로 있을 것이라는, 그러기만을 바라는 내 관념이 어쭙잖다. 현실은 언제나 예외라는 사실도 함께 품고 있어야만 하지 않던가. 그런데도 이미 들어와 박힌 관념에 사로잡혀 있다가 나뒹굴고 말았다.

잠시 흔들린 정신을 가다듬고 다시 들러보는 풍경 속에서 멀리 수중에 떠 있었던 절이 클로즈업된다. 영화 속 절에는 담이 없었다. 넓은 저수지 한 가운데에 동그마니 떠 있던 절과 그곳을 향해 들어가는 물속에 대문 하나가 덩그러니 서 있을 뿐이다. 아무런 경계선이 없는 절과 문, 그런데도 그 절을 드나들 때는 꼭 문을 통과해야만 하는 법칙이 주어졌다. 눈에 보이지 않으나 있다고 생각하는 관념을 일깨워 주는 장면들. 그것은 바로 우리네 삶에서 떼어 낼 수 없는 생사고락인 것을 의미했을 것이다.

직접 눈에 보이는 것에서 느끼는 감정보다 생각만으로 느끼는 감정의 깊이가 더 깊은지도 모른다. 그만큼 마음으로 즐기는 행복과 고통이 생의 대부분을 차지하고 있으니 결코 그런 관념에서 벗어나기란 힘든 일일 것이다. 그렇다면 그런 것들을 그냥 껴안고 사는 것이 바람직하지 않을까. 실망으로 인한 허망함을 갖기보다는 그동안 아름다움만을 상상했던 순간에 감사해야 할 것이며 역으로 고통스럽게 생각했던 일들에서 탈피 할 수 있는 순간엔 그 전환점을 기꺼이 고맙게 여겨야 할 것이다.

이제 철거되어 사라진 절문 자리엔 늙은 버드나무 둥치가 그 자리이었음을 증명해 주고 있었다. 언제쯤 저 저수지가 그득 차서 덤벙거리며 문턱을 넘어서는 모습을 그려 볼 수 있을지, 물이 찰랑거릴 때쯤 다시 찾아와야 할 것 같다. 아니, 내 마음속에 담 없는 대문 하나 만들어 놓고 그 문을 들랑거려야겠다.

겨울강

아직 어둠이 가시지 않은 새벽 강가, 돌멩이에 맞은 강이 쩡하고 신음을 한다. 얼음 두께만큼의 울림이 차가운 새벽공기를 밀어내자 산마루에서 서서히 붉은 기운이 솟는다. 그제야 어둠 속에서 숨죽이고 있던 풍경들이 꿈틀거린다.

우람한 소나무에 얹힌 눈이 소담스럽다. 넓은 강의 공간과 푸르스름한 새벽빛 때문일까. 깊은 산중에서 보았던 겨울 소나무와는 또 다른 느낌이다. 뾰족한 잎끝에 생긴 투명한 얼음 방울은 강으로 놀러 내려온 별들이 매달려 있는 것 같다. 소나무 밑에 자리한 아담한 벤치도 새벽 강가의 신선함에 푹 젖어 있다. 솜털 같은 푹신함에 털썩 주저앉고 싶은 마음을 간신히 붙들어 맸다. 차가울 것이라기보다는 고운 모양에 흠집을 내고 싶지 않았기 때문이다.

저만치에 유람선 한 척이 얼음에 묶여 있다. 한여름 깃발을 휘날리며 질주하던 박력은 어디 가고 전혀 흔들림 없는 정적에 쌓여있는 모습이 화폭 속 그림 같다. 가까이 다가가서 겨울 풍경화 속에 함께 묻혀보는 것도 좋을 것 같고 겨울 유람선 여행을 상상해 보는 것도 좋을 것 같아 발걸음을 옮겼다. 한 발짝 한 발짝 가까워지면서 유람선이 크게 클로즈업되는 모습은 내가 그 풍경 속으로 스며드는 환상으로 이어졌다.

유람선 선착장은 굵은 쇠사슬로 사람을 외면하고 있다. 새벽 강가의 정취를 만끽해 보려고 했던 마음이 살짝 밀침을 당했다. 잠시 순수한 자연의 풍경 속에 동승해 보고 싶었을 뿐인데 나를 받아들여 주지 않는다. 티끌 하나 없는 순백의 세계에 땟물 묻은 발자국을 남기지 말라는 것일까. 나 스스로 순수한 사람이라고 자부했다면 아무렇지 않게 쇠사슬 울타리를 넘었을 텐데 이렇게 머뭇거려지는 건 아마도 나에게 티가 묻어 있음을 인지한 것이리라. 잠시나마 순수하고 싶었던 마음에 왠지 모를 생채기가 생긴 것 같은 느낌이다.

거부한다면 굳이 들이밀지 않으리라는 마음에 등 돌리고 나와 작은 언덕 위로 방향을 돌렸다. 꽁꽁 얼어붙은 강을 내려다본다. 얼음의 두께는 얼마나 될까. 도대체 얼마나 깊은 두께이기에 꿈쩍하지를 안 하는 것일까. 불쑥, 기어이 얼음을 깨트려 보고 싶은 생각이 든다. 돌멩이를 던져 쩍 갈라지는 모양을 보면 마음이 흔쾌해질 것 같다. 아마도 조금 전 순백의 정취로부터 밀려난 심사에서 오는 감정이리라. 그러나 얼음은 그리 만만하지가 않았다.

애꿎은 돌멩이질만 계속했다. 작은 돌멩이든 큰 돌멩이든 결코 얼음을 깨트리지 못했다. 적막에 싸인 새벽공기 사이로 오직 얼음에 부딪혀 나오는 소리만 쨍, 쩡, 텅하고 울려 퍼졌다. 주변의 소음이 전혀 없었던 때문인지 부딪히는 음향은 한 치의 걸림돌 없이 고스란히 내 귀에 스며들었다. 돌멩이의 크기에 따라 다르게 들리는 음향에 귀가 예민해지더니 결국 어지럼증을 일으켰다. 얼음의 신음인 줄 알았는데 얼음에 튕겨 나온 돌멩이의 신음으로 들리는 것이다. 돌멩이들의 신음이 내 안으로 기어들어 온다. 아니, 기실은 진즉부터 돌멩이들과 같이 신음하고 있었던 것이다.

단단한 얼음 같은 세상 앞에서 겁 없이 부딪힌 적이 어디 한두 번이던가. 때론 생각지도 못했던 싸움이기도 했고 일방적으로 당한 패배이기도 했다. 정말 순수한 마음으로 시도했던 일이 상처로 남기도 했고 미움과 질시로 똘똘 뭉친 오기이기도 했다. 더러는 고운 꽃으로 피어난 일도 있지만 저 얼음 위의 돌멩이들과 같은 일들에 대한 회한이 더 깊다. 좀 더 현명했더라면, 좀 더 여유롭게 살았더라면 싶다.

얼음이 쉽게 깨지지 않는 걸 보니 강의 깊이가 꽤 깊은가 보다. 물의 깊이가 깊을수록 얼음의 두께가 더 두껍지 않던가. 아마도 얼음 밑 내면 깊숙한 곳에는 많은 물이 묵묵하면서도 겸허히 흐르고 있을 것이다. 그 깊이를 헤아리지 못하고 강의 겉면만을 보고 쉽게 깨지리라고 생각했던 사실이 겸연쩍었다. 내가 그렇게 함부로 돌멩이질할 존재가 되기나 하는지, 이른 새벽 꽁꽁 언 겨울 강 앞에서 겸손을 배운다.

눈 내리는 겨울밤은 생기가 있다

창문에 눈송이 부딪치는 소리가 가만가만 미끄러져 들어와 귓불을 건든다. 누군가 내 귓불을 잡아당기면 어쩔 수 없이 딸려 올라가듯 내 몸은 창가로 옮겨진다. 눈을 맞는 도심은 우윳빛을 뿜어내고 있다. 우유를 쏟으면 걸쭉한 농액 한 줄기가 다시 퉁겨 오르는 듯한 쫀득한 느낌이 어둠 속에서 빛을 발한다.

가게들이 하나둘씩 닫혀가며 깊어 가는 밤, 오직 비디오 가게 불빛만 훤하다. 내 눈과 그 불빛 사이의 공간은 한 장의 엽서가 되고 그 엽서 속으로 누군가가 번갈아 가며 나타나 멋진 삽화를 만든다. 학생들 몇몇이 출입문에 붙어 있는 팸플릿을 보며 이야기를 나눈다. 한 명이 들어가고 나머지는 눈을 뭉쳐 눈 장난을 한다. 그들 위로 내리는 눈은 또르르 굴러가는 웃음소리를 품었다. 차가 드문 거리에서 택시를 잡으려는 사람의 몸짓이 초조하다. 앞으로 나왔다가 뒤로 물러나기를 반복하는 모습을 반추하는 눈송이는 동동거리며 허공을 내닫는다. 잠을 잊은 한 사나이가 가게 문을 밀치고 들어간다. 그의 등 뒤로 겹치는 눈송이는 외로움에 젖는다.

눈송이들의 유희가 내 심연 깊숙한 곳에서 기억 하나를 끌어낸다. 켜켜이 쌓인 먼지를 털어 내며 꿈틀거리는 기억이 나풀나풀 춤을 춘다. 벽을 느낀 사람이 있었다. 내가 그에게서 벽을 느끼는 순간 그도 나에게서 벽을 느꼈으리라는 짐작이 섬광처럼 스쳤다. 수없이 많은 말을 한 것보다도 한순간 느끼는 감정이 더 정확할 때가 있다. 그것은 술렁거리는 감정도 아니었고 배척하고 싶은 거부감도 아니었다. 다만 자신들만이 가지고 있는 어떤 것을 동시에 상대에게서 느꼈을 뿐이었다. 그런 감정은 꼭 이런 밤 같은 느낌이었다.

걸쭉한 농액, 다른 것과 쉽게 융화되지도 못하고 풀어지지도 않아서 벽과 벽이 뚜렷한 경계선을 이루고 있었다. 그러나 기실은 그것을 느끼는 그 자체가 벌써 서로 상대방의 벽 안에 들어가 있는 것이었는지도 모른다. 나만 서로 뒤섞이지 않으려 애써 그 벽을 의식하려고 할 뿐이었을 것이다.

눈 내리는 밤의 가로등 밑에 서 있으면 가로등 불빛 머금은 눈송이를 볼 수 있을 것 같다. 불빛 찾아가는 나방이 되어 가만가만 발걸음을 옮긴다. 가로등에 기대에 눈 들어 보면 하늘

가득 회색 점들이 온통 내 얼굴을 향해 달려드는 것 같다. 그러나 거의 다 비켜 내리고 어쩌다 몇 송이가 얼굴에 닿지만 그 감촉이 피부를 뚫고 세포에 전달되기도 전에 스르르 녹아 실체가 사라지고 만다. 눈은 내가 느끼고 싶은 느낌이 어떤 것인지 모를 일이다. 그러니 제멋대로 내려와 닿는 것 아니던가. 그렇게 닿았다가 스러져간 눈송이들을 놓고 난 멋쩍은 웃음을 머금곤 했다. 이게 아니라고…….

그랬다. 차라리 벽을 느끼던 그 감정이 더 길게 남아 있었다. 부딪쳐 조금 가까워졌다 스러져 간 것보다 전혀 가까이할 수 없었던 그 벽에서 더 길고 쫀득한 감정을 느끼며 살았다. 차라리 부딪치지 않으니 스러질 것도 없었던 것이었을까. 어쩌면 그것이 내가 원하는 감정이었는지도 모른다. 벽을 느끼되 벽을 이야기하지 않았고 그 벽을 굳이 깨지 않으려 했던 마음. 그것이 더 긴 끈이 되어 감정이 살아 있었으리라.

하늘이 무너져 내리는 것만큼이나 많은 눈송이가 쏟아져 내린다. 내 몸에 눈의 무게가 더해지는데도 점점 가벼워져 간다. 어느덧 한 송이 눈꽃으로 환하여 하늘을 날고 있다. 이러다 어디쯤에 멋지게 내려앉을 수도 있을지, 그런 꿈을 꿀 수도 있다는 사실에 생기를 얻는다.

가로등 밑을 내려다보니 눈송이의 그림자도 함께 쌓인다. 눈은 하늘에서만 내리는 것이 아니라 땅에서도 솟아오르고 있다. 내리는 것과 솟아오르는 것이 부딪치는 순간, 상응 되던 것이 사라져 버리는 실체. 꿈과 현실은 늘 이런 것인지도 모른다. 그래도 눈 내리는 겨울밤은 꿈꿀 수 있는 생기가 있어 좋다.

4부

들리나요

알지요?

관음전 후원에 있는 산수유 한 그루. 그 산수유의 꽃망울이 아주 통통하게 여물어 가고 있어요. 마침 봄비가 내리고 있어 그 꽃망울에 물방울이 망울망울 맺혀 있는데, 툭 건드리면 한 순간에 화사한 봄빛이 왕창 쏟아져 나올 것 같아서 그 물방울 밑에 손을 모아 받을 준비를 하고 싶어집니다.

하늘과 산수유 나뭇가지 사이사이로 빗줄기가 줄 긋고 또 긋고, 그러면서 줄기에 맺히고 껍질에 스며들고 둥치 밑에 고여 가고 있었는데 난 그때까지 모르고 있었네요. 빗줄기가 가늘어서 보지 않으면 비가 오는 줄을 전혀 느끼지 못할 정도로 가만가만 조용하게 내리는 비였거든요.

그윽이 바라보고 있자니 마음이 차분하게 가라앉았어요. 뭔가가 휘저어 놓은 것 마냥 사방으로 흩어져서 겅중거리던 감정들이 머리 나란히 하고 빈틈없이 쑥쑥 올라오는 시루 속의 콩나물처럼 차분히 정리되어 가는 것은 아마도 그리 조용히 내리는 비 때문인가 봅니다.

일을 끝내곤 나도 모르게 임이 묵었던 방 앞으로 향했습니다. 열쇠를 채우지는 않았지만 고리를 걸어 논 방문 앞에서 난 그만 멍해지고 말았지요. 방이 비어 있다는 사실을 알았으면서도 몰랐던 양 웬일인가 하는 기분이 들어서요. 외짝문에 검정 고리. 그것을 살짝 벗겨내고 들어가 뜨듯한 아랫목에 몸 녹이던 생각에 주인 없는 방문 열쇠고리를 슬며시 만져 보았답니다. 닳아서 빤질빤질해진 고리엔 임의 체취가 끈끈하게 묻어 있더군요. 그 끈끈한 체취를 코끝에 대고 깊게 숨을 들이마시자니 없어도 있는 듯하다는 말이 실감이 났습니다.

그렇게 옆에 있는 양, 주고받는 마음이 참으로 아늑했습니다. 얼굴이 불그레해지는 것 같고, 마음이 설레는 것 같고, 살며시 맞잡았던 손의 느낌도 그대로 살아나고 있었어요. 행여 그 느낌이 흩어질까 두 손 모아 무릎 위에 올려놓고는 앞산을 바라다보았지요. 산마루 끝에 자욱이 퍼진 안개가 더욱더 마음을 그윽하게 만들었습니다. 뽀얀 안개의 흐름으로 보아 바람이 아주 없지는 않은 것 같은데 풍경 소리마저 울릴 듯 말 듯 할 정도로 마냥 조용하기만 하대요.

빗방울 사이로 겹쳐 보이는 산마루의 안개가 내 눈으로 스멀스멀 스며들어 오면서 자꾸 졸음이 왔어요. 그 졸음 때문에 눈까풀이 살며시 내려앉으려 하는 순간 눈앞엔 또 다른 풍경이 그려지고 있었어요. 회색빛 하늘과 뽀얀 산마루의 안개를 배경으로 잿빛 승복에 밝은 연회색 우산을 받쳐 든 스님 두 분이 도란도란 정담을 나누며 절 마당으로 올라서고 있었지요. 아마도 점심 공양 후 산책하러 나갔다 들어오시는 듯했습니다.

온통 회색빛의 어우러짐이라니! 내리 감기려던 눈꺼풀이 다시 치켜 올라가면서 난 그만 넋이 나간 듯 그 정경을 지켜보았답니다. 느릿느릿한 걸음걸이와 들리지 않는 소곤거림. 그리고 가끔 오르내리는 가벼운 손의 제스처가 한없이 한가로운 분위기를 자아냈습니다.

사람들은 늘 그랬지요. 스님들의 그늘엔 언제나 잿빛이 서려 있을 거라고……. 그리고 그 잿빛을 어두운색으로만 생각하고 있지 않았던가요? 공중에 떠다니는 먼지들까지도 다 저마다 색깔이 있을 터인데 그렇듯 고운 색의 유혹에서 벗어나고자 잿빛에 몸을 숨기는 이유가 뭐냐며, 알지도 못하는 커다란 굴레를 만들어 씌우지 않았던가요?

그런데 아니었네요. 잿빛의 어우러짐이 그리 아름다울 줄 몰랐어요. 잿빛 승복 위에 얹혀진 조금 밝은 연회색 우산 두 개가 넓은 절 마당을 환하게 살려내고 있었어요. 하늘과 빗줄기와 승복과 우산에서 배어 나오는 회색은 그렇듯 고실한 느낌으로 피어나서 절 구석구석으로 퍼져 나가고 있었어요. 더 사실적으로 표현한다면 정담의 깊이와 걸음걸이의 요동만큼씩 옮겨지는 우산의 느긋한 움직임이 바람 없이 움직이는 느릿한 공기의 흐름처럼 유연하게 봄빛을 실어 나르고 있었어요. 이런 분위기 짐작할 수 있어요?

관념이란 때론 엉뚱한 상상으로 흐를 때가 있더이다. 그것은 이럴 것이라는 생각에 집중되면 그 옆의 자잘한 감정까지도 온통 한쪽으로만 기울어지게 되거든요. 어쩌면 우리의 사이도 그렇듯 엉뚱한 편견이 눈과 귀를 가리고 있었는지도 모르겠습니다. 급기야 감정의 골이 깊어지고 먼 거리에서 바라보게 된 시점에서야 되돌아보게 되다니요. 지금은 임의 빈자리에서 옛정을 되새겨 봅니다. 하지만 아직 의혹의 진흙 속에 빠진 발을 빼지 못하고 있습니다. 그러나 오늘 작은 희망하나를 품을 수 있을 것 같습니다. 결코 어둡지만은 않은 잿빛의 어우러짐을 보면서 나도 어느 한순간 어두운 감정에서 벗어날 수 있겠다는 생각이요.

아름다움에 빠져 멀거니 앉아 있다가 행여 나 때문에 그 스님들의 정담이 깨어질까 살며시 절 뒤로 돌아 나왔지요. 그 분위기가 조금이라도 스러지면 회색빛을 타고 살며시 오던 봄이 멈추어 버릴 것 같았거든요. 그렇게 되면 내 작은 희망도 스러지고 말 테니까요. 그러다 불현듯, 회색빛이 어우러진 그 고즈넉한 산사의 봄기운을 임께 들려주고 싶어 한동안 밀쳐두었던 편지지를 꺼내 봅니다.

임!
이렇게 찾아오는 봄 발걸음 소리가 들리나요?

달빛 연가

뜨겁게 타오르는 모닥불과 화려한 불꽃놀이가 한창인 놀이 마당에 달빛도 자리를 같이했다. 모닥불을 가운데 두고 한참 어우러진 시간에도 간간이 눈길을 잡아끌었다. 앞에서 행해지는 시와 노래의 축제보다는 등 뒤로 쌓이는 달빛에 더 마음이 기울어져 행사장 끝자락을 맴돌고만 있었다. 행사가 끝나고 숙소를 향하던 발걸음이 머뭇거리고 있었던 건 결코 뒤풀이하는 자리에 미련이 있었던 게 아니었다. 온몸에 내려앉은 달빛이 놓아주질 않았다. 먼지처럼 털털 털어 낼 수도, 보자기로 싸매 버릴 수도 없는 달빛에 마음이 묶여서 뭔가에 끌려가듯 발길을 돌리고 말았다. 호젓한 곳을 찾았다. 문명의 흔적이 없는, 오로지 달빛만을 품고 안을 수 있는 장소를 찾아 나섰다.

가로등 하나를 뒤로 제치고 박꽃이 피어있는 언덕을 지나서 다리 하나를 만났다. 다리를 사이에 두고 앞과 뒤가 다른 세상이었다. 잡다한 불빛들은 뒤로하고 달 쪽을 향해 시선을 고정했다. 다른 불빛 한 점 없이 순전히 달빛만으로도 참 환하고 밝다. 얼마 만에 보는 순수한 달빛인가. 실로 오랜만에 느껴보는 정갈하고 청량한 감정에 신선함을 느낀다.

다리 난간에 어려 있던 달빛이 싸늘한 기운에 떨고 있다가 사람의 체취에 온기를 느꼈는지 옷자락에 성큼 옮겨 앉는다. 그 달빛이 정겨워 가만히 옷자락을 쓸어 보자 다시 손등으로 옮겨온다. 손등에서 손가락으로, 치맛자락으로, 구두 코끝으로, 그렇게 한참을 달빛과 숨바꼭질을 했다.

갑작스러운 사람의 발걸음 소리에 잠시 멈춘 풀벌레 소리가 다시 울리기 시작했다. 높고 낮은 벌레 소리가 고요를 더욱 고요하게 만든다. 때론 소리가 있어 더 깊은 정적으로 몰입되는 경우가 있다. 겨우 들릴 듯 말 듯한 아주 약한 소리는 주위가 더없이 고요함을 느끼게 해주기 때문이다. 그 정적을 깨는 것이 있었다. 바람에 흔들리는 나무 그림자가 마음을 허비적거렸다. 귀청으로 들리는 소리보다 눈에 보이는 움직임이 마음을 술렁이게 하여 잡음을 일으켰다. 귀로 듣는 정적, 눈으로 보는 소음. 엉뚱하게도 그런 그림을 그리고 싶었다.

점점 더 통통하게 여물어져 가는 달빛으로 내 몸짓을 그려보았다. 순간순간 다른 생각을 이어가며 움직일 때마다 표정을 그려내는 그림자. 때론 가벼운 희열로, 때론 아릿한 아픔으로, 때론 입술을 깨무는 앙칼짐으로 뭉쳐져 있던 내 내면의 얼룩들이 배어 나왔다. 무엇이 더 큰 얼룩인지 분간하기 어려운 그만그만한 것들이 발자국을 뗄 때마다 하나씩 그림자에 보태어졌다. 머리칼 끝에 매달려서 대롱거리기도 하고 어깨선 둘레에서 미끄러져 내리기도 하고 소매 속으로 숨어 들어가기도 했다. 그렇게 달빛이 묻은 곳 어디로든 내 삶의 흔적들이 묻어 나왔다. 좋든 싫든 내가 안아야 할 내 흔적들. 그것들이 풀벌레 소리와 함께 허공에 메아리쳐 나가면서 초가을 밤은 깊어갔다.

달빛은 특별히 누군가를 선별해서 교감을 이루지는 않는 듯 싶다. 묵묵히 밤하늘을 기울다 자기를 향해 올려다보는 이들에게는 아낌없이 정을 주는 것 같다.

끌고 당기며 정을 나누던 자리에 두터워진 달빛이 텃세를 부릴 때쯤, 떠나고 싶지 않은 마음을 달래면서 천천히 뒷걸음쳤다. 그러다 행여 돌부리에 걸려 넘어지면 그냥 그대로 털썩 주저앉아 버리고 싶다는 내 생각을 달빛은 몰랐을 것이다.

꽃보살

팔딱 뛸 일이다.

서울 꽃시장을 두어 시간 넘게 쓸고 다니며 골라온 꽃들 일부가 저온 냉장고 속에서 살풋 얼어 버렸다. “어떡해? 어쩌면 좋아!” 하며 발을 동동 굴러 보지만 어쩔 수가 없다.

여유로 준비한 꽃이 있어 다행이지만 머릿속에 잡아 두었던 구성이나 배색이 엉망이 되어 버렸다. 가위를 들고 서서 서성거리다가 한나절이 훌쩍 지나가 버렸다. 별수 없이 대충 꽂아 보고자 시작했지만 가위를 쥔 어깨에 영 힘이 들어가지 않는다. 저녁나절이 다 되어 가건만 법당 꽃꽂이도 마치지 못했다. 마음이 급하니 더 혼란스럽기만 하다.

터덕거리는 가위를 던져 버리고 싶은 마음을 가다듬고 '그래, 정성껏 꽂아보자. 꽃잎 하나 흐트러지지 않게 표정, 방향이 조금이라도 어긋나지 않게 온 힘을 들여 꽂아 보자. 밤을 새우는 한이 있어도 한 치의 소홀함이 없어야 한다.'라고 스스로 자위하며 가위에 힘을 주었다.

미리 다녀가는 사람들로 붐비던 소란도 점점 사라지고 한바탕 비가 지나가고 난 후 절간에는 다시 적막한 고요함이 감돈다. 예불 드리는 스님의 염불 소리와 내 가위 소리만이 그 적막감을 가르고 있다. 절에 발을 들여놓은 지 많은 시간이 흘렀지만 난 여태 저 염불의 깊은 뜻을 제대로 이해하지 못한다. 그저 높낮이가 고른 그 음성이 듣기 좋을 뿐이다. 아니, 어쩜 종교에 깊이 빠져들고 싶지 않기에 굳이 알려고 노력하지 않는다는 표현이 더 적절할까. 그저 마음 어지러울 때 한 번씩 발길이 닿는 곳이 있다는 것으로 만족을 느끼고 싶은 내 안이함에서 나오는 게으름이리라. 그래서 내게는 법명法名도 신도증信徒證도 없다. 그저 "꽃보살"이라는 이름으로 통하는 아주 미미한 존재일 뿐이다. 그 미미한 존재로 부처님 앞에 꽃을 올리는 일에 최선을 다하는 기쁨을 누리며 만족하고 감사할 뿐이다.

목탁소리와 염불소리, 그리고 은은한 향 내음 속에서 내 손끝으로 자리 잡아가는 꽃들이 그 감사함을 대신해 주기를 바라는 마음으로 정성을 다했다. 틀어진 가지와 겹쳐지는 꽃잎이 제 위치를 벗어나 보이면 다시 꽂기를 몇 차례씩 반복했다. 다시 만지다가 혹 상하기라도 할라치면 또 다른 안타까움을 느끼는 작업을 반복하면서 순간순간 나를 잊어버렸다.

얼마나 시간이 흘렀을까? 등 뒤에서 무언가가 나를 잡아끄는 듯하여 무심코 뒤돌아보니 어느새 절 마당 가득히 저녁 어스름이 내려앉고 있었다. 잠깐 내렸던 비로 흘러내리다 고인 물속엔 노란 송홧가루가 기하학적인 선을 만들어 내며 어스름 속에서 빛을 발하고 있었다. 어디에선가 날아온 꽃잎이 마당 한가운데 우람하게 서 있는 소나무 밑동에 자리 잡고 싶었는지 둥치 아래서 몇 번 소용돌이치다 바람에 맥없이 마당 한편으로 몰리고 만다. 뭔가에 의해 원치 않는 곳에 떠밀려 가고 있는 삶의 한 조각을 보는 것 같아 잠시 숙연해진다. 바람으로부터는 집착하지 않는 것을 배우라 했던가.

꼬박 이틀 동안 가위질을 하고 내려와서 긴 잠에 빠졌다. 거룩한 초파일 의식을 치르고 있는 동안에도 나는 내내 꿈속에서 헤맸다. 얼어 버려진 꽃잎 속에서 허우적거렸고 맞지 않는 배합에 동동거렸다. 뻐근한 어깨 결림에 간간이 잠을 설쳤고 뭐가 그리 애가 탔던지 물을 들이켰다

늦은 오후. 의식에 참석 못 했으니 저녁에 등불이나 켜러 가자고 남편을 앞세웠다. 내 가족의 이름이 붙은 등을 찾아 촛불을 밝히면서 잠시나마 떨구고 있었던 핏줄의 뜨거움과 정겨움을 되찾아 본다. 1,500여 개의 등에 불이 켜지니 적적하기만 하던 산사 마당에 환상적인 빛이 피어올랐다. 각기 다른 소원들을 담은 채 환히 밝혀진 등들은 또 다른 등으로 한 움큼씩의 빛을 번져 주면서 세상은 이처럼 더불어 살아감으로써

더 밝게 돋보임을 암시하는 듯했다. 수많은 사람의 눈과 어두운 밤하늘에 한껏 넘겨주고, 그리고 사진기 셔터 속으로 찰칵찰칵 흡입되고도 남아도는 빛들. 저 빛들을 난 얼마만큼이나 내 안에 채울 수 있을까.

우르르 내려가는 사람들 뒤에서 잠시 더 머뭇거리고 싶어 늦장을 부리는데 주지 스님이 찾으셨다. 어느 분이, 정성이 깃든 꽃이 마음에 들어 꽃값 일체를 기부하셨단다. 그리고 이처럼 정성을 들여 꽃을 꽂아 줄 사람이 있다면 해마다 초파일 행사 꽃값을 기부하겠노라 약속하셨다는 말씀도 들려주셨다.

긴 숨을 내쉬었다. 내 비록 미미한 존재이나 힘껏 쏟아낸 정성이 이 절에 조금쯤 도움을 줄 수 있었구나 싶어 뿌듯했다. 자칫 절의 재정만 축내고 말 뻔한 자책감에서 헤어나게 해 준 그분이 고마웠다. 이런 게 더불어 사는 세상의 참맛인가 싶다. 예기치 않은 걸림에 포기하지 않으려 버텼던 보람을 느끼며 다시 등불 속을 거닐었다. 아련한 불빛이 웅크리기만 했던 내 가슴 깊숙이 진하게 밀치고 들어왔다.

산사의 밤이 화사했다.

(2002년, 수필가비평 등단작)

장승

여행을 하다 보면 장승 촌에 들르는 때가 있다. 수많은 장승의 이름과 표정이 참으로 기이하고 익살스럽다. 갖가지 이름만큼이나 서로 다른 특징이 들어 있는 장승들을 보고 있노라면 세상의 모든 희로애락을 한곳에서 전부 보는 느낌이 든다.

조금은 숙연한 마음으로 조심스럽게 올려다 보이는 장승에서부터 아이들 장난 같은 웃음을 짓게 만드는 장승들. 현시대에 발맞추려는 느낌으로 다가오는 괴이한 장승이 있는가 하면 살짝 눈을 돌리며 배시시 웃음을 깔게 만드는 짓궂은 장승이 있고 밤길에서 뒷덜미를 잡아챌 것 같은 으스스한 장승도 있다. 어떤 모습일지라도 그것들은 우리들의 끈끈한 삶의 흔적이 묻어 있는 형상들이다.

그것들의 모습은 결코 매끄럽거나 곱지가 않다. 어딘가에 별 쓸모없이 서 있거나 쓰러져 있는 나무들을 모아 많은 힘들이지 않고 만들어 낸 하찮은 나뭇조각이라고만 생각했다. 그래서 그저 스쳐 지나가듯이 가볍게 감상하고 마는 경우가 많았다. 그런데 어느 때부터인가 그 장승들의 표정들에서 예부터 전해 내려오는 설화 속의 주인공들을 떠올리곤 한다.

우리의 신화나 전설, 민담 속 주인공들은 친근하고 정겹다. 더러는 괴팍스럽고 밉살스러운 면도 있지만 대부분 부족하고 모자라서 늘 누군가에게 시달림을 받으면서도 자신들의 삶을 포기하지 않고 끈질기게 살아온 평범한 인간상들이다. 그러면서도 웃음을 잃지 않는 사람들, 그것이 지금껏 내려온 우리 민족의 혼이었지 싶다. 우리가 장승이라고 이름 지어 부르는 것들의 표정이 바로 그들의 상징 아닐까. 묵직한 자연의 섭리와 돈독한 가정 윤리에서부터 가벼운 재치와 해학 등 수많은 사연의 표정이 줄줄이 늘어서서 점점 잊혀 가는 옛정들을 돌이켜 보게 만든다.

장승들을 자세히 살펴보면 두 개가 쌍을 이루고 있는 경우가 많다. 천하대장군과 지하여장군, 나무꾼과 선녀, 양반과 상놈 등이 그렇다. 그런 것들 중에서 특별히 관심이 가는 대목은 삼신할멈의 땀 흘리는 표정 옆에 괴이한 웃음을 웃는 저승할멈이 같이 자리하고 있다는 점이다. 탄생의 기쁨 자리에 왜 하필 죽음의 그늘을 드리우게 한 것일까. 태어나는 순간 세상 모든 것과 대립하는 존재가 되고 그에 따른 희로애락의 고뇌가 시작

되는 것, 모든 세상사가 다 이처럼 극적인 상황에 놓여 있다는 점을 상징하는 것이리라. 좋은 일에 기뻐하면서도 궂은일에 항상 대비하고 살아야 하는 삶의 이치를 말하는 것인지도 모른다. 이처럼 한 걸음 물러서서 그것들의 표정을 살펴보면 단지 웃음을 짓거나 찡그리게 하는 것은 표면적일 뿐 내면에는 인간이 지키고 실천해야 할 덕목들이 서려 있음을 알 수 있다.

그것들을 구경하는 사람들의 표정도 그 장승들만큼이나 다양하다. 문득, 어쩌면 장승 쪽에서도 드나드는 사람들의 갖가지 표정을 감상하고 있는지도 모르겠다는 생각이 든다. 사람들이 바라보는 장승의 표정보다도 저들이 보는 사람들의 표정이 훨씬 더 많을 것이다. 저들은 사람들의 표정에서 어떤 걸 느낄까. 환희와 기쁨에 들뜬 표정을 보기도 할 것이고, 찌들고 어두운 표정을 보기도 할 것이다. 더러는 아집과 탐욕으로 얼룩진 표정에 경악할지도 모른다.

모든 것이 편해진 세상이다. 반면에 사람들의 마음은 삭막해져 가고 있다. 올라가는 빌딩 층만큼 채워야 하고, 남들보다 앞서기 위해 서로 견주고 밀치며 기를 써야 하고, 그래서 서로 미움과 갈등들이 쌓여 간다. 위층 아래층에 누가 사는지 알 수 없는 아파트 생활, 이혼이 늘어가는 가족생활, 그래서 늘어나는 미아와 기아들, 부모를 버리는 자식들, 그렇게 살아가는 사람들의 표정들을 저 장승들은 보고 있으리라. 그리고 보면 오히려 우리 인간이 장승들의 구경거리인 셈이 아닐까?

한 바퀴 휘돌고 나오려는데 내 눈을 다시 잡는 장승이 하나 있었다. 사람들 눈에 쉽게 뜨일 것 같지 않은 곳에 이름표도 없이 다른 장승들과는 좀 거리를 두고 서 있었다. 어찌 보면 다른 장승들과는 별로 어울리고 싶지 않다는 거만한 표정인 것 같기도 하고, 같은 무리에서 떨어져 나온 소외감으로 인한 자괴감에 빠진 것 같기도 했다. 한참을 들여다보면서 왠지 알 수 없는 연민이 느껴졌다.

인간에게 감추어져 있는 양면성. 그 장승에게서는, 결코 들추어내고 싶지 않은 내 양면성을 보았는지도 모르겠다. 이루지 못한 것에 대해서는 애써 배척해 버리고 싶은 마음과 그러면서도 자꾸만 뒤돌아보는 어리석은 마음, 내 작은 감정을 다스리지 못하고 표면으로 뿜어내면서도 내게로 오는 감정은 부풀려 키워가며 등 돌렸던 마음, 스스로 만들어 놓은 울타리 안에 그 누구도 들여놓지 않았던 외곬의 침묵, 그렇게 얽힌 마음들과 얼음장같이 싸늘하게 굳어져 있었던 표정이 저 장승 속에 들어 있는 듯했다. 불현듯, 그 장승이 갖고 싶었다. 곁에 두고 타인인 듯한 내 자신을 들여다보며 타산지석他山之石으로 삼아도 좋으리라.

(2006년, 전북일보 신춘문예 당선 작품)

유년의 삽화

섬진강 상류에 쪼그만 초등학교가 추억에 남아 있다. 눈 들어 하늘을 보면 뾰족한 산봉우리들만 우뚝 솟은 깊은 산골 자락에 자리한 아담한 건물, 그 학교에 가려면 건너야 하는 다리가 하나 있었다. 어린 시절엔 세상에서 제일 긴 다리라고 생각했다. 그 다리 옆에 있는 낡은 물방앗간에서는 이따금 물레 돌아가는 소리가 났다.

학교에 입학하기 훨씬 이전부터 그 다리를 오가며 아버지의 점심 도시락을 날랐다. 어머니는 지성으로 따뜻한 점심을 해 대셨고 나는 그걸 달랑달랑 들고 다리를 건넜다. 한 손에 도시락을 들고 한 손으론 어머니가 손수 만든 원피스 자락을 자랑스럽게 팔랑거렸다. 다리 한가운데 서서 흘러가는 물을 굽어보거나 예쁜 꽃잎이며 빛 고운 낙엽을 날려 물 따라 여행가라며 띄워 보내다 아버지의 점심시간을 놓치기도 했다. 비가 오고 바람이 불면 행여 날려 다리 밑으로 떨어질까 무서웠고 폭우가 쏟아진 뒤 틉틉한 흙탕물이 다리 난간을 넘실대면 그냥 주저앉아 찔끔거리며 기다시피 건너곤 했다. 겨울이면 다리 위는 특히 잘 얼어붙어 숱하게 엉덩방아를 찧었다. 꽁꽁 언 손이 시린 걸 간신히 참고 있다가 아버지 얼굴을 보자마자 울음을 터뜨리기도 했다.

3학년 때였나. 담임선생님은 그림을 잘 그리시는 분이셨다. 그런데 선생님이 그림을 그리실 때 왜 다리나 물레를 다 그리지 않고 반절씩만 그리시는지 궁금했다. 교실이나 복도에 걸린 그림들이 거의 다 그랬고 교무실의 아버지 자리 뒤에 걸려 있는 커다란 그림도 마찬가지였다. 심부름으로 교무실에 가게 되면 맨 먼저 그 그림으로 눈이 가곤 했다. 그럴 때마다 나는 고개를 갸웃거렸다. 어느 땐 선생님이 그린 그림을 흉내 내어 그린 다음 물레와 다리를 완성시켜 놓고 혼자서 흐뭇해하기도 했다.

그런데 이상한 건 그 의문점을 물어보지 않았다는 사실이다. 무슨 영문인지 그럴 수 없다는 생각을 했었던 것 같다. 그건 선생님만의 비밀일 거고 그걸 들추어내고 싶지 않은 마음이었다. 다만 나름대로 상상하며 그 그림을 이렇게 저렇게 완성해 보는 것이었다. 어찌 보면 그때, 보이지 않는 것에도 그 뒷면엔 무엇인가가 있다는 사실과 숨김의 의미를 조금씩 느끼기 시작했는지도 모르겠다.

다리 밑은 동네 빨래터이기도 했다. 어머니들은 날을 잡아 큰 빨래들을 가지고 모였다. 다리 밑에서 방망이질을 할 때면 그 울림이 듣기 좋았다. 바윗돌에서 퍼져나간 소리는 다리 밑 천장에 닿았다가 더 부풀려져서 내려와 겹을 이루었다. 여럿이 두들기는 방망이 소리는 물소리와 어울려 웅장하기까지 했다. 서로 각기 다른 속도와 정도이건만 그런 건 아무 상관없이 듣기 좋게 어우러졌다. 어느 한 사람의 방망이 소리만 골라 들으며 발장단을 맞추기도 하고 두 개의 소리의 간격을 재어 보며 듣기도 했다. 그 소리는 방망이의 움직임을 보면서 들어도 좋고 눈을 감고 들어도 좋았다. 젖은 빨래와 방망이가 부딪치면서 다리 밑 천장을 오르락내리락하는 소리는 어머니의 치맛자락에 배어 있는 질펀한 느낌이었다. 소리에도 겹이 있고, 서로 다른 음이 그렇게 잘 어울릴 수 있고, 듣고 싶은 소리만 골라 들을 수 있다는 걸 느끼기 시작했던 것 같다.

그 다리에서 약간 위쪽으로 좀 깊은 곳이 몇 군데 있었고 널찍한 바위들이 야트막하게 퍼질러 있었다. 꽤 큰 버들가지들의 둥치가 반은 물속에, 반은 바위에 걸쳐서 고기들의 휴식처가 되어 있었다. 새우는 물 속 풀 밑에 숨어 있었고 가재랑 다슬기는 자잘한 돌 밑에 숨어 있었고 날쌘 피레미들은 바위를 두고 숨바꼭질했다.

아버지는 피레미 낚시에 재미를 붙여 학교 근무가 끝나기가 바쁘게 그곳으로 달려가셨다. 긴 대나무 끝에 줄, 줄 끝 낚싯바늘에 낚싯밥을 꿰어 허공에 몇 번 돌리다 휙 던지고 서서 움직이지도 않고 기다리시는 아버지 모습은 어린 내 눈에도 참 멋있어 보였다. 고기 바구니 옆에서 손으로 턱을 괴고 앉아 지켜보고 있노라면 아버지의 몸놀림에 따라 내가 낚시하는 마음이 되곤 했다. 그러다 지루해지면 나는 다슬기를 잡았다. 치마를 걷어잡아 질끈 동여맨 다음 고무신 한 짝을 손에 들고 허리를 구부려 물속을 들여다보면 다슬기는 저물녘 때를 맞춰 슬금슬금 기어 나왔다. 그런 다슬기를 냉큼 잡아 올리기보다는 그 움직임을 보는데 더 재미가 있었다. 두 개의 더듬이를 이리저리 움직여가며 빨판을 갖다 붙이고는 딱딱한 몸체를 쭉 옮겨가고 또 쭉 옮겨가곤 했다. 다슬기의 등을 손끝으로 살짝 건드리면 돌에서 떼구루루 굴러떨어져 죽은 체 가만히 있다. 그때 '요게 날 속이겠다고? 어림도 없지.'하고 집어 올렸다.

까만 고무신에 까만 다슬기가 가득 찰 때쯤 되어 허리를 펴고 뒤돌아보면 다리와 물레방아를 배경으로 아버지의 긴 낚싯대가 치켜 올려지고 줄 끝에 피레미 한 마리가 파닥거리고 있는 순간도 있었다. 허연 피레미 몸뚱이와 한 줄기 붉은 저녁 햇살이 빤짝 교차되는 빛이 참 아름다웠다.

내 추억의 갈피 속으로 아버지는 지금도 낚싯대를 물에 드리우고 계시고 나는 다슬기를 잡느라 물속을 살피고 있다. 그런 그림 한 장이 가슴속에 아련하게 걸려 있다.

마지막 스승의 날

'꼭 소식이 와야 하는데…….' 나의 간절한 기원이다. 그분이 잊지 않으리라는 것을 알고는 있었지만, 그래도 행여 이 마지막 스승의 날을 그냥 넘기지 않을까 우려해서다.

6개월을 넘기기 어려울 것이라는 진단을 받고도 그 기간을 훨씬 넘기신 아버지의 의지도 이제 생의 애착보다는 차라리 단념하고 싶다는 표정이었다. 오늘은 그렇게 병원 침대에서 맞는 아버지의 마지막 스승의 날이다.

18세에 시작해서 65세에 정년퇴직을 하셨으니 근 50년 가까운 세월을 교직에 몸담으신 셈이다. 그 긴 세월 동안 교단에서나 집안에서나 한 번도 흐트러짐이 없이 살아오신 고지식한 분이다. 그 성품 때문에 곱으로 힘들게 사셔야 했던 어머니의 삶도 결코 평탄하지는 않으셨다. 어려운 시절, 집안 생활에 어떤 어려움이 있는지는 전혀 무관심하셨다. 학교로 나온 무료 배급 밀가루며 옥수수 가루 한 사발 정도만 집에 들여와도 불호령이 떨어지곤 했다.

그런 환경에서 자란 우리 남매들은 어디서나 교과서 같은 행동을 해야 했다. 그것이 올곧은 삶이라고는 하나 요즘 세상에 맞추어 나가기 힘들 때가 많다. 그러나 아직 한 번도 그런 걸 물려주신 아버지를 탓해본 적은 없다. 이제 나이 들어 아버지의 그런 삶을 올려다보면 내 아버지는 교육신념과 스승이라는 위치에서 누구보다도 돋보이는 삶을 살아오신 분이라는 것을 깨닫게 된다.

내가 초등학교 4학년까지 다녔던 곳은 아주 작은 산골마을이었다. 그 시대에는 꿈은 있으나 펼쳐 볼 수 없는 사람들이 많았다. 내 아버지께서는 그런 청년 한 사람을 가르치신 적이 있다. 토요일이나 일요일이면 우리 집을 찾아와 아버지에게 글을 배웠다.

어찌나 열심히 배우던지 그것이 기특하고 갸륵해서 배우는 사람보다 가르치는 아버지께서 더 그가 오는 주말을 기다리셨단다. 그래서 황금 같은 주말에도 어딜 못 가셨다는 말씀을 하신 적이 있다. 5년 정도 긴 세월을 꾸준히 다니면서 글을 배우고 공무원 시험을 봐서 당당히 국가 공무원이 되었고, 지금은 어느 소도시 선거관리 사무국장으로 계신다.

아버지가 그 시골학교를 떠난 후로 몇 십 년의 세월이 지났건만, 그 분은 해마다 스승의 날을 챙기셨다. 직접 찾아오시기도 하고 정성 들인 선물이나 용돈을 보내 주시기도 했다. 정년퇴임을 하신 지도 어느덧 10여 년이 흘러 이제는 아주 먼 옛날 일이 되었지만, 그래도 그분이 아버지의 전 생애를 대변해 주시는 증인처럼 느껴진다. 해마다 스승의 날이면 그분이 다녀가셨다거나 선물을 보냈다는 말씀을 하시며 흐뭇해하시는 아버지였다. 나는 그 두 분의 돈독한 스승과 제자의 관계를 보면서 오늘날의 스승과 제자를 생각해 보곤 한다.

사랑의 매이기 전에 감정의 매를 드는 스승이나 염불보다 잿밥에 더 관심을 두는 스승이 없지 않은 세상이다. 또 작은 꾸지람에 반발부터 하는 학생들이며 자기 자식이 최고라는 학부모들의 이해심 없는 태도도 문제가 아닐 수 없다.

이제, 스승과 제자라는 아름다운 인연을 찾기보다는 어떻게 하면 별 탈 없이 무사히 한 해를 마치나 그게 걱정이라는 선생님들이 많단다. 아니, 멀리 갈 것도 없이 내 가까이 있는 남편의 뜻도 그런 쪽이다. 마땅찮은 모습을 보고 야단치고 싶은 마음을 참기가 무척 힘들단다. 보다 못해 가벼운 꾸지람이라도 하면 고개 빳빳이 들고 대든다고 한다. 그런 모습을 보면 기가 막혀 당장 그만두고 싶을 때가 있다고 했다. 꼭 승진을 해야겠다는 마음이 드는 이유 중의 하나가 더 이상 아이들 다루기가 힘들어 담임을 맡아야 하는 평교사의 길에 회의를 느끼기 때문이라고 말한 적이 있다.

그런 현실에 견줘볼 때 내 아버지와 그분 같은 스승과 제자의 인간관계가 참으로 존경스럽지 않을 수 없다. 그래서 해마다 스승의 날에는 그 이야기로 집안이 웃음꽃을 피우곤 한다. 그런데 이제 그 아름다운 인연의 끈도 끊어질 날이 머지않은 듯싶다. 그분은 아버지가 투병 중임을 모르기에 아직 찾아오시지는 않았다. 그분이 아버지의 입원 소식을 알게 되면 무척이나 안타까워하시리라.

스승의 날인 오늘, 병실로 온 한 통의 전화는 나를 눈물짓게 했다. 그분의 전화였다. 역시 그분은 올해도 잊지 않고 전화를 주시어 내 아버지의 마지막 스승의 날을 기쁘게 해 주셨다. 아버지가 긴 투병 중임을 알고는 깜짝 놀란 목소리로 곧 찾아 뵙겠다는 말씀을 남기며 전화를 끊으셨다. 끊이진 전화기를 들고 나는 감사의 눈물을 흘렸다.

(2009년, 중1, 생활국어(김정)에 수록)

늦가을의 서정

화려하던 단풍잎들이 서서히 자취를 감추고 나면 휑한 바람만 앙상한 나뭇가지 끝에서 곤두박질친다. 그러나 수북이 쌓인 낙엽을 바라보는 맛을 놓칠 수 없는 때다. 떠나기 위해 마지막 마무리하는 가을 뒷모습을 바라보고 싶은 마음에 산을 찾았다.

계곡 물소리가 여느 때보다 여유롭게 다가왔다. 중간중간 작은 웅덩이에 차곡차곡 가라앉은 낙엽들. 곱디고운 빛깔은 흐르는 물에 몽땅 떠내려가 버리고 희멀건 모습이다. 그래도 아직 원형 그대로의 잎 모양새가 눈길을 머물게 했다. 쫙 펴진 손바닥 같은 단풍잎엔 당당함이 들어 있고, 길쭉한 상수리나무 잎엔 솟아오를 것 같은 강한 힘이 있어 보였다. 이미 할 일을 다 마쳐 버린 껍데기 같은 존재건만 저리도 당당할 수 있을까.

내게 저런 힘이 전이될 수 있다면 하는 마음에 가만히 손을 넣어 보았다.

손끝에 물이 닿자마자 온몸이 흠칫 움츠러든다. 손끝에서만 느낄 줄 알았던 차가움이 한순간 거의 온몸으로 퍼졌다. 그 빠른 흐름에 놀라 반사적으로 손을 빼 버리곤 멍하니 물만 내려다보았다. 별 의식 없이 행했던 행동에 의외로 매우 놀라버린 내 몸의 반응이 왠지 호들갑스럽다는 생각이 들었다. 다시 서서히 시도해 보았더니 차가움의 정도가 처음 같지는 않았다. 조금 익숙해진 써늘함이기에 잠깐은 견딜 수 있었다. 손가락 끝에서부터 올라오는 시린 쾌적함을 즐기며…….

같은 온도에 놀람과 즐김으로 엇갈리는 건 준비되어진 상태와 아닌 것의 차이겠지. 어떤 일에 대한 결과가 서로 다르게 느껴지는 건 이런 상황에서 비롯되는 것일 테고. 한 번쯤 겪어 봄으로써 생의 어느 한 부분에 깊이를 더해 준다면 설령 그런 일이 없어도 되는 일일지언정 그리 나쁜 것만은 아니리라. 살아가는데 이런 시행착오가 조금은 필요한 게 아닐까.

잠시 숨결을 가다듬은 후 징싱을 향해 다시 발걸음을 옮겼다. 수왕사에서부터 어느 나이 지긋한 부인과 앞서거니 뒤서거니 하는데 그분도 나만큼이나 오르막길에 힘들어하는 것 같았다. 언뜻 보니 쉽게 말을 걸어 볼 표정이 아니어서 방해하지 않고 뒤만 따랐다. 남이 보면 동행인이려니 생각하겠지만 우리는 전혀 상관없는 나그네들이다. 다만 한적한 산길에서 서로 보호자 같은 역할을 하고 있었던 걸까.

다음 코스로 넘어갈까 말까를 놓고 잠시 고민 하던 중 여태껏 별 의식을 하지 않았던 그분과 말문이 열렸다. 끝까지 가보자는 의견 통합을 하고 그때부터 우린 한 조가 되었다. 나이가 몇인지, 어떤 사람인지 그건 몰라도 좋았다. 깊은 산속의 공기를 마시고, 나무 냄새를 맡아보고, 낙엽 속을 헤집고 걸어보려는 목적이 같을 뿐이었다. 처음 만났지만 처음인 것 같지 않게 도란도란 이야기를 나누는 마음이 정겨웠다. 그리 먼 산이 아니니 서두를 것도 없고 내려가는 길이니 숨 가쁠 일도 없이 오솔길 속에 묻힌 가을빛을 흠뻑 마셨다.

능선의 나무들은 나지막하기에 거의 사람의 키를 넘지 않아서 옆으로 낮게 퍼져 있는 잔가지들의 섬세함을 내려다 볼 수 있어 좋다. 나뭇잎이 무성할 때는 보이지 않던 또 다른 아름다운 광경이다. 대체로 높은 곳의 나무의 키가 작고 잎눈이나 가지들의 두께가 두툼한 이유는 아마도 바람을 견디기 위한 방책일 것이다. 때때로 불어오는 세찬 비바람을 가려 줄 것이 없는 곳에서 버티기 위한 저들 나름대로의 터득이리니 그 자연의 섭리가 참으로 경이롭다. 나무에 바람이 있어 견뎌낼 힘을 길러내듯이 인간사 고난도 좀 더 튼실한 삶을 이어갈 수 있는 자극이 되지 않겠는가. 피치 못할 일로 생의 한구석이 좀 파괴된다 해도 굵은 옹이가 있기에 더 아름다운 모습으로 보일 수 있으리라.

가는 구간마다 풋풋한 신우대가 늘어선 우아한 길이기도 하고, 노란 소나무 잎이 잡잡히 쌓인 울창한 소나무밭이기도 하며, 발목을 덮을 만큼 수북한 떡갈나무 낙엽 길이기도 했다. 모든 걸 다 털어 버린 산이라서 허허로울 것 같던 가을의 끝자락 길이 그렇게 오붓할 줄이야. 그 오붓함에 취해 산에서 만난 두 여인은 아무런 가식이 없는 하루 친구가 되어 많은 말을 주절거렸다. 스산하던 바람은 이마에 맺힌 송골송골한 땀방울을 보고 살짝 꼬리를 내리면서 빠져나가고 발에 밟혀 바스락거리는 낙엽 소리가 허공에 여울졌다가 다시 긴 여운으로 되돌아왔다.

푹신한 낙엽 위에서 잠시 휴식을 취했다. 땅의 높이를 한층 올려놓을 만큼 많은 낙엽 속에 드러누우니 몸이 반은 묻혔다. 낙엽 냄새가 코뿐만이 아니라 살갗으로도 스며드는 것 같았다. 온 피부를 다 열어 흠뻑 들여 마시면서 이미 수분이 빠져버린 퍼석한 낙엽 한 장을 주워들고 자세히 들여다보았다. 아직은 잎맥이 선연하다. 왕성했던 그 잎맥의 통로가 이리도 무력하게 돼 버리다니. 그것은 살다가 문득문득 느껴지는 공허에 한없이 나둥그러지는 무력감들의 표상 같았다.

낙엽들은 다 같은 낙엽이 아니었다. 어느 것은 온전하지만 어느 것은 벌레가 흔적을 남겼다. 예측하지 못했던 고난들 앞에서 처절하게 몸부림친 상처 같은 것이었다. 어느 때부터인가 그런 흔적들이 아름답게 느껴지던 시기가 있었다. 그저 평범한 무늬에서 좀 더 색다른 형상으로 탈바꿈한 그것들에 더 가치를 부여하고 싶었다. 그것들은 벌레에게 먹히지 않으려 몸부림치며 또 다른 세상맛을 보았을 것이고 그 다른 세상이 잎의 생을 폭넓게 만들었을 것이다. 그러기까지의 그들 고통이 어찌 가볍다고 하랴. 그렇듯 크고 작은 고통을 동반하면서도 꿋꿋하던 잎들이 끝내 생을 마감해 버린 자리에서 만감이 교차했다. 그러나 바람과 햇살을 들이쉬고 뱉어가면서 채운 결실을 눈잎 꽃잎으로 품어내고 스러진 그들의 몸짓은 결코 아픔만은 아닐 것이다. 다 비워버린 허무함이 아니라 새로운 것을 탄생시키는 뿌듯함의 온기로 뿌리를 감싸고 있는 것이리라.

처음부터 지정한 목적지는 아니어도 끝은 있었다. 어느 동네 어귀에 도착했을 땐 이미 저녁 어스름이 깔리기 시작했다. 가을이 떠나는 길목을 돌아보고 내려오는 내 배낭 속에는 산속의 모든 것들이 나누어준 뿌듯한 삶의 지침서가 들어 있었다.

뻘 속의 생명들

뻘 위에서 차를 마시고 있다. 발아래는 깊이를 모르는 뻘밭이고 차에서는 새큼한 해금 맛이 풍기는 듯하다. 갈매기가 바로 눈앞까지 날아와 이마를 차고 갈 것 같고 청둥오리 한 쌍도 두려움 없이 발밑으로 기어든다.

바다와 맞닿은 강 하구 어느 찻집 구석에 앉아 바깥 풍경을 바라보고 있다. 조금 전까지만 해도 내가 앉은자리 창 밑까지 물이 찰랑거리더니 물이 섬짐 빠지기 시작했다. 질펀한 뻘이 모습을 드러내고 뻘 속의 생명들이 참았던 숨을 토하듯 꿈틀거린다. 받침대 두 개가 뻘 속에 묻힌, 사람 없는 한적한 찻집이어서 염치없이 한나절을 묶어 놓았다. 뻘밭의 한나절 동안 참 많은 사건이 발생했다.

아주 작은 게들이 얼굴을 내민다. 잘 보이지 않는 구멍에서도 움직임이 느껴진다. 서로가 서로에게 신호를 보낸 것일까. 하나둘씩 나들이를 나오기 시작하더니 어느새 뻘밭 가득 그들의 세상이다. 가만가만 움직이는 평화의 땅이다. 그러다 뭔가의 침입이 느껴지면 움직임이 날렵하다. 그들이 각자의 보금자리로 돌아가는 길은 엉키는 법이 없다. 그들에게는 규칙이 있었다. 위협을 느끼는 순간에는 잽싸게 집 앞까지만 이동했다. 한 손은 문고리를 잡고 한 발은 문턱 안으로 들여놓은 상태다. 그러다가 여차하면 순간에 쏙 들어가 버리는 그 행동의 민첩성이 놀랍다. 잔잔히 스멀거리다가 순간에 잠잠해지는 뻘 표정은 어떤 방법으로도 그려 낼 수 없는 삶의 현장이었다.

갈매기의 먹이는 갯지렁이다. 사뿐사뿐 걸어가다 긴 부리로 한번 찍으면 그대로 지렁이가 물려 나왔다. 한 번도 실수하는 법이 없다. 수없이 많은 구멍을 보면서 걷다가 어느 한 곳을 알아내고 찍어내는 그 정확한 먹이 사냥도 또한 놀랍다. 결코 먹이를 놓치지 않는 갈매기의 사냥 솜씨에 손뼉을 쳐야 할지, 속수무책으로 물려 나오는 갯지렁이에게 더 연민의 정을 보내야 할지 모를 일이다.

오리걸음이라더니, 뒤뚱거리는 청둥오리 궁둥이를 보며 콧바람 새는 웃음을 흘렸다. 누군가가 저희를 바라보고 있다는 사실도 모르고 웅덩이 한 곳을 한참이나 뒤적이다 흙탕물을 뒤집어쓰고 나간다. 원하는 먹이를 먹었는지 못 먹었는지 종잡을 수 없다. 시간이 갈수록 저들의 평화스러운 모습 뒤에는 먹고 먹히는 생존경쟁의 살벌함이 짙게 도사리고 있었다.

근처의 박물관에서 뻘 속의 생물들이 들어간 깊이를 보았다. 대부분 연하고 부드러운 몸체인 것들은 거의 표면 가까운 곳이었고 단단하고 두꺼운 것일수록 그 깊이가 깊었다. 약하고 방어 능력이 없는 것일수록 거처하는 깊이가 얕았다.

불현듯 어떤 사극이 연상됐다. 허름한 옷을 걸친 백성들이 사는 곳은 고개만 돌리면 다 들여다보이는 허술한 담이 있을 뿐인데, 권력이 높고 잘사는 사람들 집은 들어가는 대문부터 거창하고 복잡했다. 중간 문을 몇 개나 거친 후라야 사람을 만날 수 있지 않던가. 어쩌면 갖춘 것일수록 방어벽을 높이 쌓고 있는지도 모르겠다.

사물의 세계에서만 깊이가 있는 것은 아니었다. 의식의 세계에서도 깊고 얕음이 선연했다. 내가 당한 일만 해도 그랬다. 좀 더 신중하게 처신하였더라면 이렇듯 처질힌 심정을 겪지는 않았을 텐데 상대방을 대하는 내 마음이 너무 얕고 허술했던 것 같다. 그저 좋게만 생각했던 내 순수함이 터무니없게도 불순한 동기로 이용당해 버린 상황이 되어서야 상대의 본의를 알아차렸다. 억울하기보다는 무서웠다. 무서워서 눈물이 나왔다. 진심이 통하지 않았다는 사실처럼 비참한 일이 또 있을까 싶다.

생존경쟁의 세계에서 난 언제나 한 발짝 뒤져 있는 편이어서일까. 맥없이 물려 나오는 갯지렁이의 운명에 초점이 모였다. 먹혀 버리고 마는 약자의 편에서 강자의 무자비함을 탓하고 있었다. 내가 당한 일을 놓고 문제의 원인을 상대방에게 돌리고 있는지도 모른다. 내 스스로 현명하지 못했던 사실을 번복해 보려는 심정이었으리라.

한 떼의 무리가 사라지고 또 다른 무리가 날아와 먹이를 찾다가 사라지는 현장을 지켜보는 시간이 길어지면서 뻘밭은 그저 존재한다는 의미밖에 없다는 생각이 들었다. 그곳은 평화가 깃들어 있는 곳이라고 단정할 수도, 삶의 치열함으로 뒤얽힌 처절한 공간이라고 치부할 수도 없었다. 꿈틀거리는 생명을 품고 있을 뿐이었다. 꿈틀거리는 생명, 꿈틀거린다는 사실만으로도 얼마나 신비스러운 일인가. 비록 내게 조금 불행한 일이 생겼다 해도 분명 나는 꿈틀거릴 수 있는 존재인 것이다. 거대한 뻘 속 어딘가 한구석을 차지하고 있는 생명체라는 것만으로도 충분히 살만한 가치가 있지 않을까.

몇 잔의 차가 비워지고 눈에 보이는 뻘밭의 면적이 넓어지는 만큼, 진하게 뭉쳐 있던 분노가 엷게 분산되어 나갔다. 기울어져 가는 햇살이 몇 바퀴 돌아가 버린 시곗바늘 위에 앉는다. 햇살의 무게가 더해져도 시곗바늘의 속도는 변하지 않으리라. 눈에 보이나 잴 수 없는 무게에 눌려 내 생의 여정이 터덕거리고 있어서야 되겠는가. 툭 털고 일어나 묵직하게 밀고 들어섰던 문을 가볍게 젖혀 열고 나왔다.

어느 벽화에서 얻은 깨달음

분명 잘못된 그림이었다. 어느 산사에서 절 안팎을 둘러보며 벽화를 감상하고 있는데 좀 잘못 그려진 것이 있었다. 왜 저렇게 그렸을까. 아무리 생각해 봐도 내가 알고 있는 상식과는 다른 그림이었다.

『빈두설경賓頭說經』에 「우물 안의 나그네」라는 이야기가 있다. 어떤 사람이 미쳐서 날뛰는 코끼리를 만나 도망치다가 우물 속으로 피신을 하게 되는데 마침 우물터에 있는 등나무 줄기를 타고 들어가 간신히 위기를 모면하고 있었다. 그런데 우물 밑을 내려다보니 무서운 독사가 혀를 날름거리며 먹잇감을 노리고 있는 것이었다. 밖에는 성난 코끼리요, 안에는 독을 품은 독사이니 진퇴양난이다. 간신히 등나무 줄기에 생명을 걸고 버티고 있는데 설상가상으로 쥐들이 그 줄을 갉아 먹고 있지 않는가. 이러지도 저러지도 못하고 망연자실, 멍해 있는 얼굴 위로 벌집에서 달콤한 꿀이 한 방울씩 떨어지고 있다. 그 순간, 이 나그네는 위험한 상황을 깡그리 잊어버리고 그 꿀맛에만 취했다. 인생의 생사生死와 헛된 욕망을 비유한 것이다.

그 이야기를 그린 그림에는 분명 쥐들이 사람 매달린 등나무 줄기를 갉아 먹고 있어야 맞다. 그런데 내가 본 그림은 쥐가 벌집이 달린 줄기를 갉아먹고 있는 것으로 그려져 있었다. 적어도 절의 벽화를 그리는 사람이라면 그 정도의 상식은 알고 있을 터인데, 그렇게 그린 이유가 뭔지 알 수가 없어 한참을 그 그림 밑에서 서성였다. 잘못 그려진 그림이라고 단정하기엔 화가의 인격을 무시하는 것 같아 내심 어떤 이유를 찾고 싶었지만 내 안목으로는 알 수가 없었다.

마침 지나가는 스님이 계시기에 여쭈어볼까 하다가 무심코 떠오르는 생각이 있었다. 어쩌면 그 그림을 그린 화가가 일부러 그렇게 그린 것 아닐까 싶었다. 시대가 변하면 의식도 변하듯이 그 그림이 주는 상징을 다르게 변화 시켜 보고 싶었는지도 모를 일이다. 쥐들로 하여금 이도 저도 못 하는 중생의 생명줄을 갉아먹게 할 게 아니라 우후죽순으로 늘어나는 꿀맛 같은 유혹의 손길을 잘라내는 것이 중생을 구하는 일이라 생각하고 싶어서 그랬을지도 모른다는 생각이 드는 것이다.

폭력을 일삼는 영상물, 가정을 파탄시키는 내용의 드라마들, 장소를 가리지 않고 날로 늘어가는 모텔들, 이런 달콤한 꿀맛에 어찌 마음 뺏기지 않고 견디랴. 거기에 빠져드는 사람에게 경고하는 메시지에 그치는 상징일 것이 아니라 그런 것들을 건어내 가엾은 중생을 보호하는 역할로 진전해야 할 것도 같다. 그 그림을 그린 사람은 그런 걸 마음에 둔 게 아니었을까.

모 방송국의 농촌을 배경으로 하는 드라마가 막을 내렸다. 내용이 거의 비슷해서 식상한 얘깃거리라 할지라도 찌든 삶을 정화시켜주는 마음의 고향이요, 추억을 되새겨 보는 웃음이 깃든 사연들이었다. 농촌 생활에서의 숱한 어려움 들을 슬기롭게 풀어나가는 그들의 우직하면서도 올곧은 삶에 밝은 희망이 있어서 좋았다. 아랫사람을 다스리는 어른이 있고 윗사람을 공경할 줄 아는 아랫사람들의 정성이 있는 가족애가 좋았다. 그렇듯 청량제 역할을 하는 프로그램들이 날로 사라져 가는 이유가 시청률 때문이라니, 타인들과는 말할 것도 없고 피를 나누는 형제자매들까지도 뺏고 싸우고 속이는 목소리가 난무하는 것들만이 살아남는다는 말 아닌가. 그리고는 자막에 15세, 12세 이하는 보호사의 지도가 필요하다는 단서가 붙는다. 그럼 가족이 함께 마음껏 즐기며 볼 수 있는 방송 프로그램이 과연 몇 개나 되는지 의문이다. 그런 속에서 어찌 정서적인 감성을 키우며 형제애와 효를 행하는 사람이 되기를 바랄 수 있을까. 세태가 변했다거나 걷잡을 수 없다 하기 전에 되도록 그런 환경이 만들지 말아야 할 일이다. 한 단계 높은 발전 뒤에는 어느 정도의 부작용이 따르게 마련이다. 그러나 요즈음 우리 주위의 너무 급격한 상승과 감당하기 어려운 후유증은 머리가 어지러울 정도다. 날로 심해 가는 환경 파괴가 무서운 불길 같다는 생각이 든다.

물론 어떤 환경에서도 꼿꼿이 버티고 비켜 가는 지혜로움을 갖춰야 하겠지만 대부분의 사람이 주위의 환경에 쉽게 지배를 받는 어리석은 '우물 안의 나그네'들이다. 좋은 환경에서 올바른 가족관이 성립된 환경이어야 건전한 사회가 되고 강력한 나라가 될 수 있을 텐데, 기본적인 가정 윤리나 사회 윤리마저 허물어져 가고 있는 세태이다.

이럴 즈음에 잘못 그려진 그 그림이 크게 마음에 와 닿는다. 헛된 욕망에 빠지지 말라는 경고성 가르침도 좋지만 저 꿀맛 같은 유혹의 손짓을 걷어 내는 것이 더 바람직한 일이 아니겠는가. 그런 이유로 잘 보이지 않는 부분에 살짝 빗나간 붓칠이지만 그것은 그린 사람의 간절한 염원이리라는 깊은 의미를 부여하고 싶었다. 이것이 비록 나 혼자의 착각일지라도 그 의미를 번복하고 싶지 않기에 의문을 풀고자 했던 마음을 접고 조용히 산사를 빠져나왔다. 한 가닥 작은 희망을 느낀 사뿐한 발걸음 뒤로 나직이 울리는 풍경 소리가 적막한 산속으로 길게 여울졌다.

아린 독백

비가 내리고 있다. 창문 빗물 줄기에 겹쳐지는 바깥 풍경에는 조용한 적막감이 감돈다. 산자락에 자리한 과수원은 접근하는 도시의 입김에 운치를 잃어가고 새로운 아파트 단지가 들어설 자리가 널찍하게 다져시고 있다. 멈춰있는 포크레인은 핸들 조작이 빗나간 모양인지 엉거주춤하게 서 있고 헐리기를 거부하는 무허가 집 한 채가 깎아지른 흙 절벽 위에 덩그러니 얹혀있다. 저렇게 버딜 수밖에 없는 현실이 한 폭의 그림쯤으로밖에 여겨지지 않는 듯 아파트 아래 입구엔 미끄러지듯 빠져나가는 까만 승용차의 경적이 여울져 있다.

휑해진 주차 공간 속엔 줄줄이 그어진 하얀 줄만이 내 초점을 모으고 그 줄과 줄 사이에 흩어진 휴지조각들이 흠뻑 젖은 채 지면에 밀착되어 있어 그걸 바라보고 서 있는 내 몸은 아까부터 무거운 납덩이가 되어 가는 느낌이다. 이러는 게 좋은 증상은 아닌데. 차라리 커튼을 닫아 버리고 누워 책이나 보는 게 낫겠다는 생각이 들면서도 움직여지지 않고 자꾸만 마음이 으슬으슬해지기 시작한다. 그래서 애꿎은 주전자 물만 팔팔 끓이고 있다. 꼭지에서 뿜어 나오는 김이 마음의 한기를 막아 줄 것 같아서…….

뜨거운 커피 한 잔을 마시고 그 찻잔에 남아있는 온기까지도 손끝에서 가슴으로 스미어 오건만 저 깊숙이 잠재해 있던 차가운 무엇이 용트림하는 것은 왜인지 모른다. 형체도 색깔도 없는 것이 시리도록 차가운 물줄기 되어 내 등줄기를 훑어 내리고 있다. 창문에 흘러내리는 빗물 줄기처럼…….

구불구불 더듬거리다가 멈춰서는 물줄기 속엔 내 작은 앙금들이 뭉쳐져 있다. 육체를 갉아 먹던 벌레들, 마음을 갉아먹던 어둠들, 그리고 깨어져 파편이 된 꿈 조각들이 뒹굴고 있다. 어둠의 그늘로, 화려하고 세련된 사람들 속에 웅크리고 있는 내 모습이 싫어서 도망치듯 발길을 돌렸던 적이 몇 번이었던가. 더러는 가벼운 체념이었고 더러는 못난 현실 도피였다. 그리고는 반사적으로 진한 매니큐어를 바르곤 했다. 생활의 활력소를 얻을 수 있는 유일한 방법은 이것뿐인 양…….

어느 땐, 남편과 아이들의 모습에서 등만 보일 때가 있다. 그들의 등은 두드리면 메아리만 들려오는 벽들이다. 그 벽들은 커다란 건물이 되어 내 앞에 우뚝 서 있고 내 자신은 작은 미물이 되어버린다. 이 커다란 강박감과 공허감 속에서 탈출해야 하는데, 그래야 되는데, 도대체 이 자그마한 몸뚱이가 왜 이리 천근만근 무거운지 손가락 하나 움직일 기력이 없다. 이래서는 안 되는데, 이제 그만 이 칙칙한 망상들을 훌훌 털어버리고 홀로서기를 해야 된다는 초조감이 또 다른 동아줄이 되어 나를 옭아맨다.

신문이며 잡지며 TV에서 인간 승리의 얼굴을 대할 때마다 내게도 있을 법한 가능성을 찾아 설쳐 보지만 뒤돌아보면 난 언제나 러닝머신 위에 올라 서 있는 것처럼 제 자리에 서 있었고 발밑으로 세월만 흘러가고 있었다. 한두 해 전만 해도 조금은 여유 있게 발을 뗄 수 있었던 것 같았는데 이제 점점 빨라지는 속도는 숨 가쁘게 나를 몰아세우고 있다.

이러다간 나도 날기를 갈망하는 박제가 되어버리는 게 아닌가. 갑자기 가슴이 답답해지기 시작했다. 움직여야 되겠다. 벌떡 일어나 화장대 앞으로 갔다. 거울에 비친 얼굴은 희멀건 세 영락없는 흰지 얼굴이다. 초점 없는 눈망울과 닫혀버린 입술이 가중치를 더해 줬고 한마디 말도 거부하는 이 표정은 나를 보는 사람들의 마음까지도 밀쳐내곤 했다. 아니 더 정확히 말하면 그 어떤 의미의 말도 소용없음을 터득한 그들은 아예 나를 피해 떠나 버렸고 그럴 때마다 내 어둠의 조각들, 필름처럼 잘라낼 수 있다면 잘라버리고 싶은 어둠의 조각들을 들키지 않았다는 안도감과 또다시 혼자라는 허탈감 속에서 곤두박질쳤다. 그렇게 몇 날 몇 밤을 허우적거리다 깨어나면, 그러고 나면 나는 빈 가슴만 부둥켜안고 서 있었다. 그건 참으로 쓰리고 아린 가슴이었다.

굵직한 소나무 밑동에 이끼가 피어나듯 내 생의 밑동에 이끼가 피어나는 동안 이 겨울잠 자고 난 것 같은 표정을 지워보리라 거울 앞에서 분칠해 보기를 수십 번. 그리고는 애써 떨쳐버렸던 감정들, --그러나 그건 마음대로 떨쳐지는 게 아니었다. 곳곳에서 내 마음 자락을 붙들고 있었다. 갈매기 날개 속에서 하얗게 얼핏 거렸고 서걱거리는 갈대들의 일렁임 속에서 손짓했다. 앞서가는 사람의 옷자락 속에 숨어 있었고 마주 오는 사람의 안경테 속에 걸쳐 있었고 질주하는 차량의 번호판 속에서 숨바꼭질했다. 건너편 신호등 불빛 속에서 졸고 있었고 의자에 기대어 내려다보는 내 구두 코끝에 묻혀 있었고 그리고 힘없이 내리감긴 내 눈까풀 속에 버티고 서 있었다.--- 그 뚤뚤 뭉쳐 처박아 버렸던 감정들을 찾아 거리를 헤매곤 했다.

어느 날은 우체통을 맴돌기도 했고 어느 날은 빈 전화박스를 기웃거렸다. 커피숍 아늑한 조명 밑에서 묻어둔 이야기를 다듬어도 보았고 스쳐 가는 얼굴들 속에서 시리도록 촉촉했던 눈빛을 찾곤 했다. 흡사한 눈빛에 발걸음은 서성거리고 서성거리다 걷고……. 그렇게 사람들 물결에 휩싸여 쏘다니다 지칠 무렵이면 거리는 온통 허전함으로 출렁거렸다. 무거워진

다리는 휘청거리며 허공을 걷고 있었고 터놓고 웃어 보자던 부풀음은 찬바람 되어 가슴속을 헤집고 들어섰다. 조금 열어 보였던 내 흐트러짐에 칼날 같은 채찍이 가슴팍을 후려치면서 다시금 혼자이기를 고집하는 앙칼짐이 입술을 깨물고 있었다.

어설픈 푸념보다는 아린 독백을 택하리라는.

휴학을 해야 한다는 의사 선생님의 진단은 꿈과 낭만을 꽃피우던 17살 내 소녀 시절에 커다란 회오리였다. 작은 독방이 만들어졌고 한 옴큼씩 먹어야 하는 약들 때문에 진저리를 쳐야 했고 내 가까운 사람들과 격리되어야 한다는 소외감 때문에 하얀 시트와 베개는 늘 젖어 있었다. 그 젖은 시트와 베개는 유난히도 화사한 진분홍 철쭉꽃이 몇 번 바뀌 필 때까지 햇빛 속을 들락거렸고 그것들과 함께 내가 칙칙한 구름 되어 햇빛 속을 들락거리고 있나는 걸 느꼈을 땐 눈물겹도록 지극한 따뜻함도 여지없이 거부하는 외곬이 되어가고 있었다.

말을 잃었고, 표정을 잃었고, 생각을 잃어버린 백치, 그건 육체적 병보다 더 무섭게 고치지 못하는 병이 되어 마음을 깊이깊이 좀 먹어 들어갔다. 갖가지 세균들은 이때를 놓칠세라 내 몸을 시험 삼아 기어들어 와 보았다가는 아예 둥지를 틀어버렸고 등줄기에 섬뜩하도록 써늘한 수술대의 감촉이 스며들 때마다 뒤따르는 후유증은 내 아름다운 꿈들을 하나둘 깨뜨려 갔다.

그 깨어진 꿈 조각들은 단단한 파편이 되어 내 삶에 어둠을 깔고 숨어 있다 가끔 튀어나와 휘저었고 그 소용돌이에 얽혀 곤두박질치다 고개를 들어보니 해는 이미 중천을 넘어서고 있었다. 중천의 해가 눈부셔 고개를 돌리니 얻음보다 잃음이 더 많았다는 회한이 또 하나의 파편이 돼 가고 있다.

빗발이 뜸해졌다. 창문을 밀치자 많지도 적지도 않은 빗소리가 축축하게 온몸을 감싸고돈다. 이따금 퉁겨 들어오는 빗방울이 상큼하게 얼굴에 떨어지고 반원으로 꺾여 들어오는 바람은 커튼 자락에서 잠깐 소용돌이치다 사르르 펴져나간다.

소용돌이……. 내 안의 소용돌이도 저렇게 쉽게 스러졌으면 좋으련만 기어이 올라오고만 이 용트림은 또 며칠간 허탈감 속에서 헤매게 할 건가.

오늘 밤도 하얗게 셀 것 같다.

〈2001년, 샘터문단 우수상〉

겨울바다는 소라껍데기 세상이다

겨울바다 둘레에는 찬바람들만이 그 넓은 공간을 메우고 있었다. 굳이 옷깃을 세우지 않아도 자연스레 목이 움츠러들어 신체의 일부를 찬바람으로부터 보호하려는 본능적인 제스처가 이미 진행되고 있었다.

먼바다를 바라본다는 것, 그건 끝을 알 수 없다는 데 매력을 느끼는 일인지도 모른다. 수평선 저 너머엔 사람의 힘으로는 재어 볼 수 없는 넓이가 존재한다는 것을 알고 있다는 희망일 테니까. 그래서 바다를 보고 난 후의 느낌이 '탁 트인다' 는 느낌일 게다.

이 겨울 내내 누구의 발걸음도 없었던 모래밭이었을까. 이름 없는 곳의 겨울 바다가 뿜어내는 한적함이 신선한 감정을 끌어냈다. 잊고 살았던, 아니 잊었다기보다는 이제 시대의 뒷

자리나 차지하고 있는 단어로만 남아 있는, 그래서 할 수만 있으면 눈 딱 감고 다시 한 번 들추어내고 싶었던 순수함들이 한꺼번에 와르르 쏟아져 나왔다.

거추장스러운 나이 따윈 벗어버리고 마냥 뛰어 보기도 하고 모래 속에 반쯤 몸을 숨긴 채 잠시 숨을 멈춘 조개 앞에서, 방향을 잃은 듯 이리저리 오락가락하는 아주 작은 게 앞에서, 발목을 덮치려는 파도의 빠른 물살을 피해 껑쭝거리면서 그저 생전 처음 본 일들인 양 새삼스러워 했다. 갑작스러운 침입자들 때문에 어쩔 수 없이 자리 비킴을 해야 하는 갈매기들의 날카롭게 번쩍이는 눈빛 외에는 정말 보아주기 힘들다고 핀잔할 그 누가 없다는 사실이 더욱 우스꽝스러운 아낙네로 만들었다. 티 없는 소녀로 잠시 돌아갔었다고 표현해도 될까?

2

파도에 밀려온 조개껍데기들은 고스란히 모여 해변을 가르는 흰 띠가 되었다. 이쪽 끝에서 저쪽 끝 아스라한 거리까지 물길이 넘나들었던 자리가 한눈에 잡혔다. 그 하얀 띠를 따라 긴 조개껍데기 길을 밟았다.

조개껍데기 속에서 숨겨진 듯한 소리가 울린다. 여기저기 몇 발자국 거리마다 널려 있는 소라껍질 속에서 들리는 소리이리라. 소라껍질 속에는 파도 소리가 담겨있다던가. 그것이 그저 물속에 묻혀 살았던 날들의 잔영일까 아니면 소라의 한일까. 그냥 이루고 싶었던 소원이었다 해두자.

커다란 소라껍데기를 주웠다. 그리고는 이번만큼은 내 소원이 아닌 그 누군가의 소원을 대신 담아 본다. 그 소원은 소라의 소리로 변해서 지나는 사람들의 귀에 닿을 때마다 염원을 빌어 줄 것이다.

난 내 목소리를 담은 소라껍데기를 제자리에 두고 다른 소라껍데기 몇 개를 주웠다. 내가 주워 가지고 온 소라껍데기를 귀에 대 볼 때마다 누군가의 소원이 이루어져 갈 것이고 또 언젠가는 누군가가 내 말이 담긴 소라껍데기를 주워 가리라.

3

계절이 바뀔 때마다 어디론가 떠나고 싶은 사람들. 그 가슴들 속엔 어딘가로 떠나 보면 몸 구석구석에 붙어 있던 먹먹한 생의 찌꺼기가 사라지리라는 환상이 늘 꿈틀거리고 있다. 그러나 그 꿈틀거림에 끌려가는 사람이 얼마나 될까. 그저 실없는 몸짓임을 알아내곤 그런 마음을 누군가에게 조금이라도 위로받고 싶은 생각으로 사람들 사이를 서성거리고 있을 뿐이다.

그러나 그 위로의 한계마저도 쉽게 무너뜨릴 수 없는 경계심 때문에 마냥 헛바퀴만 돌고 있지 않던가. 아니, 어쩌면 그 누구의 위로로도 녹지 않을 앙금임을 알기에 아예 거부하는지도 모른다. 쉽게 떠날 수도 없고 결코 위로받을 수도 없는 사람들. 그들은 길 잃은 철새가 되어 계절 사이를 오락가락한다.

'표면장력'. 그릇에 가득한 물의 표면이다. 세밀히 분석해 보면 그릇의 평면보다 조금 위로 올라와 있는, 그러다 한 방울의 물만 얹혀도 와르르 흘러내려 버리는. 사람의 감정에도 표면장력이라는 게 있다. 자기의 의지와는 다르게 움직여지는 사람들의 감정이 그렇다. 그것이 힘든 무게이기에, 그러나 덜어낼 수도 없이 지니고 다녀야 할 무게이기에 힘겹게 버티어 가면서 행여 그 무게가 무너질까 두려워 남들과 부딪치지 않으려 안으로만 움츠러드는 마음들이다. 그들은 물 한 방울의 무게만 얹혀도 무너져 버리고 만다.

4

'그들은'이 아니라, '나는' 일지도 모른다.

5

나는 환지통幻肢通을 앓고 있는지도 모른다. 그래서 비 맞는 사람 곁에서 같이 비 맞아 준다는 생각으로 비를 맞아 보고 싶은 것인지도 모른다. 소라껍데기 속에 그 누구의 목소리 대신이라며 담긴 소리도 기실은 내 안의 목소리가 담긴 것이리라.

누군가가 그 소라껍데기를 주워 귀 기울여 준다면, 그런다면, 내 환지통幻肢通은 사라지려나.

■ 연보

1951년 전북 정읍 출생 (아버지 김태섭金太燮, 어머니 강순필姜順必)
(정읍 능교초교~김제 금구초교~김제 벽량초교) 졸업
정읍 신태인 왕신여중고 졸업
방송통신대학교 국어국문학과 졸업

•문단 경력

2002년 3월 전북대평생교육원 수필창작반 등록(김학 교수님)
2002년 8월 ≪수필과비평≫으로 등단
2006년 ≪전북일보≫ 신춘문예 수필 부분 당선
2006년 제1 수필집 ≪그 장승이 갖고 싶다≫ 출간(수필과비평사)
2008년 행촌수필문학상 수상
2011년 수필과비평문학상 수상
2013년 제2 수필집 ≪꽃가지를 아우르며≫ 출간(수필과비평사)
2013년 ~ 현재 군산노인복지관작은도서관 수필창작 강사
2014년 전북수필문학상 수상
2019년 제3 수필집 ≪하늘밥≫ 출간(수필과비평사)
2020년 현대수필가 100인선 수필선집 ≪쉬어가는 물레방아≫ 출간(수필과비평사)

•문단 활동

행촌수필(부회장, 편집위원장 역임), 전북수필(사무국장, 편집국장 역임), 전북수비(부회장, 감사, 편집국장 역임), 전북문협(편집위원 역임), 수필과비평작가회의 회원. 현, 각 단체 편집고문.

•회원수필 동인지

행촌수필, 전북수필, 전북문협, 수필과비평작가회의, 모악에세이.

•외부수필 문예지

수필과비평, 한국문인, 한국수필, 수필세계, 좋은수필, 창작산맥, 한국산문, 수필미학, 석정문학, 미당문학, 전북일보, 새전북신문 등등

현대수필가 100인선 II · 82
김재희 수필선

쉬어가는 물레방아

초판인쇄 | 2020년 09월 25일
초판발행 | 2020년 10월 15일

지은이 | 김 재 희
펴낸이 | 서 정 환
펴낸곳 | 수필과비평사 · 좋은수필사

주 소 | 서울시 종로구 삼일대로 32길 36.
(익선동 30-6)운현신화타워 305호
전 화 | 02)3675-5635, 063)275-4000
등 록 | 제300-2013-133호
홈페이지 | http://www.shinapub.com
e-mail | essay321@hanmail.net

값 10,000원

ISBN 979-11-5933-291-3 04810
ISBN 979-11-85796-15-4 (전 100권)